小而美

持续盈利的经营法则

[美] 萨希尔·拉文吉亚 (Sahil Lavingia) / 著　许罨 / 译

THE MINIMALIST ENTREPRENEUR

How Great Founders
Do More with Less

中信出版集团 | 北京

图书在版编目（CIP）数据

小而美：持续盈利的经营法则 /（美）萨希尔·拉
文吉亚著；许翾译 . -- 北京：中信出版社，2023.2（2025.10 重印）
书名原文：The Minimalist Entrepreneur: How
Great Founders Do More with Less
ISBN 978-7-5217-4988-5

Ⅰ.①小… Ⅱ.①萨… ②许… Ⅲ.①盈利 Ⅳ.
① F221

中国国家版本馆 CIP 数据核字 (2023) 第 002551 号

小而美——持续盈利的经营法则
著者：　　　[美] 萨希尔·拉文吉亚
译者：　　　许翾
出版发行：中信出版集团股份有限公司
　　　　　（北京市朝阳区东三环北路 27 号嘉铭中心　邮编　100020）
承印者：河北鹏润印刷有限公司

开本：880mm×1230mm　1/32　　　印张：9　　　字数：180 千字
版次：2023 年 2 月第 1 版　　　　　印次：2025 年 10 月第 26 次印刷
京权图字：01-2022-7010　　　　　　书号：ISBN 978-7-5217-4988-5
　　　　　　　　　　　　定价：59.00 元

版权所有·侵权必究
如有印刷、装订问题，本公司负责调换。
服务热线：400-600-8099
投稿邮箱：author@citicpub.com

目 录

前　言

我是从追逐独角兽企业开启我的事业的。当初，我第二个加入 Pinterest（拼趣），成为这家企业的一名元老级员工。2011 年，为了追逐 10 亿美元级企业梦，我没等股权兑现就匆忙离开了。

（我的第一个 10 亿美元级企业的点子已经有了。明天就行动！）[1]

之后，我仅用了一个周末的时间就建立了 Gumroad ①

---

① Gumroad 是一个制作付费的链接来获得佣金的网络平台，只要拥有推特或脸书的账号就可以安全登录使用。——编者注

的原型，帮助创作者进行线上交易。它的架构并不复杂，界面也很简约，提供一个供买家付款的链接，创作者就算开张营业了。这个平台投入使用的第一天，网站的访问人数就高达 5 万多。我当时坚信，自己会做出一番惊天动地的事业。

第一步！拉风投。

当时我只有 19 岁，只身创建这家企业。那个时候，我频繁往返于硅谷那条传说中的沙丘路。我穿着被汗水浸湿的牛仔裤，在这里的会议室里一个接一个地开会。网飞、苹果、亚马逊、脸书以及谷歌等如雷贯耳的科技巨头，就是在这些会议室拿到投资的。在我的努力下，我成功地获得了 800 多万美元的投资，投资方都是些声名显赫的硅谷风险投资者，包括阿塞尔伙伴公司（Accel Partners，脸书的早期投资公司）、凯鹏华盈公司（Kleiner Perkins，谷歌、亚马逊和苹果的早期投资公司），大名鼎鼎的投资人马克斯·列夫琴（Max Levchin，在线支付平台 PayPal 的联合创始人）、纳瓦尔·拉维坎特（Naval Ravik- ant，创投平台 AngelList 的创始人）和克里斯·萨克（Chris Sacca，推特、美国移动支付公司 Square 和优步的早期投资人）。他们像我一样，相信自己看到了一只在不远处狂奔的独角兽。

我对独角兽的追逐就这样开始了。很快，我从 Stripe（美国在线支付服务商）、Yelp（美国最大点评网站）以及亚马逊召集了很多人，迅速建立起一支世界一流的人才队伍，一起致力于创造世界一流的产品。当时我相信，用不了多久，我就能在艾伦公司（Allen & Company）一年一度的太阳谷峰会上闲庭信步，跟比尔·盖茨和沃伦·巴菲特这样的大佬畅谈如何抗击疟疾。在我心里，成立 Gumroad 从来不是为了钱——我想要影响这个世界，不声不响地去影响。我畅想，一旦功成名就，我就会是杂志上介绍的那种"脚踏实地"的科技巨头。

可后来，我没有去成太阳谷。事实上，我离比尔·盖茨最近的一次，也不过是在凯鹏华盈的 CEO（首席执行官）峰会上看他演讲。在花光投资人 1000 万美元的投资之后，Gumroad 就从飞速发展的状态慢慢稳定下来。之后的 9 个月，我们一直在想办法筹集更多的资金，但都以失败告终。2015 年 10 月，我裁掉了企业 75% 的员工，其中很多都是跟我关系非常好的朋友。

企业"止血"后，就该重新评估了。Gumroad 当时仍然可以运营，但是我觉得自己彻头彻尾地失败了。在那个圈子里，很多人仍然盯着他们的 10 亿美元级企业梦不停地融资、不停地招人——有些人做到了，而我却无法让自己在硅谷继续待下去。我虽然保留了在旧金山的公寓，但2016年的大部分时间，都是在边旅游边写小说。当时我深信，即使在创业圈子没能破局，自己也可以就这么过一种数字游民①的生活。在读完蒂姆·费里斯（Tim Ferriss）的《每周工作4小时》（The 4-Hour Workweek）不久，我便意识到，把Gumroad当作一门休闲生意②来做并不适合我，这本书给了我很多启发。我在寻找下一个人生计划的时候，偶然看到了自己最喜欢的作家之一——布兰登·桑德森（Brandon Sanderson）的一条推文，他要在犹他州的普罗沃市（Provo）开授科幻小说的写作课。所以2017年1月，我搬到了这个没有人认识我的地方，一方面是不想错过这个机会，另一方面也是为了省些租金同时为自己留些颜面。我觉得，在那儿自己能在保持Gumroad不破产的情况下好好想想企业重组的问题。

来到普罗沃市，虽然我对即将面临的一切新变化有心理准备，但是很多文化差异仍然让我措手不及。在旧金山，成功意味着你赚到了很多钱（可不是小钱）。而在犹他州，

---

① 英文为digital nomad，有时也译作数码游民，指那些不需要坐在固定办公室、常常在不同地方旅游、依赖互联网来进行远程工作的人。——译者注
② 休闲生意，英文为lifestyle business，指一些时间相对自由、灵活又能赚到足够的钱满足自己需求的工作，比如代购、写作、翻译等各种自由职业。——译者注

成功意味着你已结婚成家，并积极参与各种教会活动。我在普罗沃认识的新朋友都告诉我，一开始就想去创立一个10亿美元级企业，我肯定是疯了。难道 Gumroad 现在不够好吗？毕竟我已经有了一个可以持续运营的平台，已经在为我爱的那些客户提供很好的服务，我还想怎样？

我最初根本无法理解他们的观点，但远离竞争激烈的风险投资中心——硅谷，在普罗沃生活了几年之后，我逐渐接受了这些观点。尽管我所追逐的独角兽最后只不过是一头小矮马，但最初的愿景正在实现。成千上万的创作者都在使用 Gumroad 创建自己的创意作品小生意；现实生活中的人们在这个平台卖掉了自己的课程、电子书或者自己设计的软件，从而得以去偿还抵押贷款、攒够子女读大学的费用，或者仅仅是多赚了几杯拿铁的钱。

慢慢地，我意识到问题的本质不在于 Gumroad，而在于我自己。我当时一心想的仍然是那只遥不可及的独角兽，忽略了一直在我眼前蓬勃发展的 Gumroad。企业是盈利的，规模也与它的目标市场非常匹配。越来越多的写手、程序员、手工爱好者以及其他各类创作者加入 Gumroad，利用这个平台一天天实现他们的梦想。对于部分投资人而言，Gumroad 可能是一个糟糕透顶的项目，但是对于它所服务的客户而言，它却是一个很不错的企业。

裁员之后的那一年，在我单打独斗的情况下，Gumroad仍然给平台创作者带来了接近4000万美元的收入，而当时我没有进行任何内容推广，也没有花一分钱去做广告，纯粹依靠口口相传。2019年，我决心重整旗鼓，好好发展Gumroad，拒绝了很多以前我会毫不犹豫地接受的机会，只把精力放在如何能给平台创作者带来更多价值，也就是如何输出更好的产品上。我们成功了！仅2020年一年，我们就为平台的内容创作者创造了1.4亿多美元的收入——比2019年增长了87%！同时，企业依然能够盈利！

像Gumroad这样的企业可能不足以登上那些光鲜亮丽的高级杂志封面，也不足以引起好莱坞的注意而专门为其制作纪录片，但是它让企业的开创者、客户以及员工都拥有了力量。我现在明白了，但是将自我价值感与个人净资产脱钩并意识到自己并没有失败，却花了好多年的时间。我成功了！

2019年2月，我在Medium网站（一个轻量级内容分享平台）上的一篇名为"打造10亿美元级企业梦想破灭后的自我反思"的文章，引起了数百万人的共鸣。自那以后，我有幸接触到各种正在创业以及想要创业的人，他们在内心深处，其实都渴望创建一个像Gumroad这样可持续发展的企业，而不是追逐所谓的独角兽。只是当主流媒体，以及"越大越好"的社会文化不停地告诉我们，独角兽企业是唯一值得开创的企业的时候，说出内心那个不一样的渴望，是不够酷的，甚至是怪异的。

可能有些企业的确适合走独角兽这条路，但更多的企业并不适合。很多初创企业仅仅在创业早期，就不得不寻找风投大量融资，这是因为它们没能找到一种可持续的盈利模式来维持企业的正常发展，最后只能陷入盲目求大、赢者通吃的市场怪圈，扩张——而不是营收、利润或者可持续发展的能力——成了企业最重要的目标。

面对这两种不同的思路，我一遍又一遍地问自己：我到底想要改变什么？如果我只能解决自己所在环境里的一个问题，那会是什么？我到底想要建立、拥有、经营一个怎样的企业？

别的创业者以及准备创业的人都自问过这样的问题，也都得出了相同的答案。我把他们中很多人的故事写在了这本书里，我称他们为"极简主义创业者"，称他们的企业为"极简主义企业"。

建立一个极简主义企业，并不意味着不去争市场老大，而是要致力于建立一个可持续发展的企业，在服务更多人的同时有承担风险的灵活性，同时也助力其他人做同样的事情。而且，企业要能够（最好从一开始就）盈利，这也意味着你有能力专注于实现创业的初衷——帮助其他人。

一直以来，企业家在推动社会和科技进步方面发挥着关键作用。在法律规定大企业必须将股东利益置于优先地位（例如置于企业实际价值之前）的今天，这一点尤为必要。在写这本书的时候，我发现了 Basecamp（贝斯卡公司）、Wistia（免费视频托管服务平台）、密苏里之星布艺公司，以及其他很多脚踏实地发展且有扩张潜力的企业，都致力于通过提供大众喜爱的优秀产品、服务和软件，专心地解决现实问题，而且都因此实现了盈利。这些企业根据各自所要打造的社区特点的不同而形成了不同的风格，但每家企业的关注点都在于如何解决问题，而不会把自身发展看得太重。它们的故事各不相同，但都能让我们从中受益。

遗憾的是，"创业者"这个词，隐含了一个怪怪的"污点"。我记得在学校参加招聘会时，根本无法认同"创业者"。他们看上去就像商人（那个时候都是男性 ①），而我根本不喜欢经商。我喜欢的是创造！我最终意识到，企业本身不是目的，而是用来创造的工具，一种法律意义上的

---

① 这是由"商人"引出的。"商人"英文为 businessmen，即经商的男人们，故作者根据当时的见闻补充了一句，那个时候的商人的确都是男人。——译者注

组织，仅此而已。最开始，我可能根本不需要一个企业，但是后来我所创造的东西需要一种合法的架构、一个团队、一种运营方式，所以我才需要成立一个企业。

在从独角兽追随者转变为极简主义创业者之后，我不得不重新理解另一种新常态。什么才是建立有影响力的企业来改变这个抽象单一的世界的最好方式？怎样创建企业，才能让我们以及我们所在的社区更富裕、更健康、更幸福？这本书会拆解这些迷思，寻求这些问题背后的真理。

最后，我想说，Gumroad 未能像我当初所想的那样进入 10 亿美元级企业的行列可以说是发生在我身上的最好的一件事，因为我从中真切体会到"不计一切代价扩张"的思维所带来的后果，遗憾的是我用了 8 年的时间，并饱受痛苦，才领悟到这一点。我希望这本书能使其他想要创业的人吸取我的教训，而不需要经历我所经历的痛苦裁员以及多年的自我反省。我的那篇讲述我个人经历的文章获得了极大的反响，被网友疯狂传播和扩散，说明这能引起很多人的共鸣。

这本书，既是宣言，也是指导手册，将会帮助你设计、创建并成功地发展适合你的企业。多读几遍，尤其是在你进退两难的时候。

但请记住，你不需要读完这本书再开始行动。尽快开始，不必等待自己感觉已经准备好。今天就开始吧。

你不应先学习，再开始。而应先开始，再学习。

现在，开始吧！

第一章

极简主义创业者

万事万物，皆生于细微。[1]

——西塞罗

彼得·艾斯丘是一名生活在美国亚特兰大的网页开发人员。在超市看到有人够不着货架最上面的商品时，他总是很乐意伸手去帮他们取。身高约 2 米的他曾经是高中篮球队明星球员。他将有助于他人视为自己经营策略的支柱，但情况并不总如他所愿。2001 年互联网泡沫破灭的时候，他被 eTour——一个由他帮助创建并发展的网上冲浪指南网站——裁员。他不得不问自己："这就是我想要的生活吗？这就是我服务这个世界的方式吗？"

他以为凭借自己市场营销分析方面的背景可以再找一份工作，但现实却又让他失望了。对他而言，金钱和名望远不如独立和自由重要。最终他在广告行业找到了一份不一样的工作。随着成千上万的互联网业务上线，这份工作让他接触到大量不同的商业模式。晚上和周末，他全身心投入到自己的副业上，学习网页开发、了解各种域名、研究如何利用网络流量赚钱。

就这样，他误打误撞发现了一个后来改变了他生活的想法。如果不买那些通常要花数月才能出现在搜索引擎中靠前位置的新域名，而是买已经有一定曝光度的过期域名会怎么样？其他人要么让过期域名堆满广告，要么丢弃它们，但是艾斯丘却有其他想法，这一想法源自他开始对自己工作进行的一些反思。他不想挣快钱，而是想围绕域名开创真正的生意。对于每一个过期域名，他都会问自己，"它有没有让我有所启发？这里有没有真正的生意可以做？"最重要的是，"我能不能帮到别人？"。

他随机创建了一些域名和业务活动做试验，但并没有成功。之后他意识到"域名永远是最重要的，其次才是商业理念"。[2] 2009 年，艾斯丘买下了 duderanch.com[①]这个域名[3]，并创建了网站目录。他亲自到网站上列出的 50

---

① dude ranch，指面向游客的、供人们放松休闲的美国西部风格大型农场，会提供诸如骑马、露营等各种服务，所以被视为度假农场，guestranches.com 这个域名中的 guest ranch 也是指这类农场。从 duderanch.com 这个域名就可以看出这个网站与各种度假农场相关。——译者注

多个度假农场见农场主，最后与 guestranches.com 域名的持有人合作。二人一起精挑细选，建立了一份覆盖美国各地的休闲农场清单。这个项目艾斯丘一直做了 10 年，于 2019 年转手卖掉。这项事业的成功让他实现了时间和财务自由，于是他购买了更多的域名，来发展其他利基业务。那些业务有些成功了，有些没有。

2014 年，艾斯丘发现 VidaliaOnions.com 这个域名在公开拍卖。[4] 在此之前，他主要关注以信息为基础的生意，但这个域名的某些东西对他有着特别的吸引力。坦白地说，洋葱对他也很有吸引力。作为一个土生土长的佐治亚州人，他听说过维达利亚（Vidalias）洋葱——一种不那么辛辣的甜洋葱，一些喜爱它的人会像吃苹果一样生吃。唯一的问题是，艾斯丘对洋葱生意毫不了解，对农业种植更知之甚少。

尽管如此，他还是花了 2200 美元竞拍，深信这个行业内会有人出更高价。（如果你认为像这样竞拍有趣的域名是一个不错的业余爱好，那么你可能就是一个极简主义创业者。）5 分钟后，他赢得了竞拍，这让他感到惊喜。不过域名到手之后他暂时收存了起来，回去就继续投入其他项目的工作了。

时间一天天过去，维达利亚洋葱始终在他脑海里盘旋。他在一篇题为"我在网上卖洋葱"的文章中写道："（这个域名）不停地轻轻碰触我，一个月后，我开始知道它想告诉我什么。[5] 每年我都从 Harry&David（美国一家主要经营食品精装礼盒的公司）网站上买梨，我应该模仿这种模式卖维达利亚洋葱。他们把梨从农场直接送到客户家门口，而我们用这种方式给客户送维达利亚洋葱。"他看到了他能帮到别人的方式，一门新的极简主义生意就这么诞生了。

虽然艾斯丘自己不吃维达利亚洋葱，但他从自己的经历以及 Google Trends（谷歌趋势）上对这个词的搜索量了解到有很多人吃它。尽管如此，他还是有些顾虑，"我不是农民"，他担心地表示，"也没有配套的物流和销售渠道"。[6]

但他还是开始行动了。他首先通过一个贸易团体联系上了一流的维达利亚洋葱农场的老板埃里斯·黑古德。黑古德的农场已经经营了 20 多年，他还拥有一个至关重要的仓储打包站。艾斯丘自己掏钱在 VidaliaOnions.com 网站上投放了一个新的页面。"之后农场专注于洋葱，而我关注客户服务、市场营销、品牌推广、网页开发以及物流服务，"他回忆道，"我的其他项目都不像这样直接面向客户，我发现我非常享受这个过程。"

艾斯丘和黑古德本来预估第一季能有 50 份订单，但他们接到了 600 多份。[7]

如果这是一个风险投资企业，到这个阶段投资人就会开始躁动不安了。"预估 50 份订单的情况下接到 600 多份?"他们会惊呼,"该翻 5 倍地招人了。想象一下,维达利亚洋葱进入国际市场会是什么样?投几百万美元做广告,做一个爆款视频,维达利亚洋葱就能在全世界流行起来。我们很可能还需要在伦敦、东京、悉尼安排工作人员。该再来一轮融资了。"然后,一轮又一轮地进行融资。这种情景就像一个小孩第一次将气球吹大,直到……

艾斯丘不禁开始思考加快企业发展的问题,但是他牢记过去那些年的教训,转而把重心放在了盈利能力上。他知道 VidaliaOnions.com 网站以前的一些老板除了卖洋葱,还试图卖沙拉酱和调味料,结果都失败了。所以他没有那样做,而是不慌不忙地经营眼前的这门生意,想办法将维达利亚洋葱从那个唯一的仓储点及时又经济地卖到潜在顾客手中。

他当然犯过错误。有一次因为货运包装箱出错,他损失了好几千美元,这次失误差点让这个企业就此倒闭。但他也在一年又一年地对流程进行小的改进,比如放弃手动输入客户订单和打印货运单号的方式,使用自动化货运系统。几年下来,这个企业赚了钱,在以自己的速度自然扩大,他也做得很开心。[8]

六年后,艾斯丘的这个当作爱好来做的项目已经发展成一个全面成熟的企业,让他的很多客户满意,也为当地社区带来了积极影响。他也不再把它当作跟其他那些废弃域名一样的另一场域名试验，VidaliaOnions.com 正在成为他的使命。

> 说真的，如果我们消失了，我的客户会很着急。[9]上个季度，我因为一个电话订单回电给一位先生，是他太太接的电话。我介绍自己的时候，话说到一半她就打断了我，欣喜地朝她的先生大喊："是卖维达利亚洋葱的那个人！是卖维达利亚洋葱的那个人！快接电话！"
>
> 就在那个时候，我意识到我们在做对的事、对他人有益的事、带来积极影响的事……我感到无比满足。能参与到这个行业中，我觉得特别幸运。

艾斯丘的故事让我热泪盈眶——也可能是洋葱的原因。价值导向驱动的使命和因亲身经历而产生的真正目标包含着某种深刻的美。这就是极简主义创业者的目标——在谋生的同时有所改变。

极简主义创业者

在开始写这本书之前，我不会将自己描述为一个极简主义创业者。我可能会说，我是投身于一种新型初创企业的创始人，这种初创企业将盈利能力置于规模扩张之上，将创造积极影响置于求速度、求突破之上。我不是为了尽可能多地攫取利润，而是决心为我们的客户和社区创造尽可能多的价值。

我不是唯一一个这样的创始人。在这本书里，你会看到许多像彼得·艾斯丘一样的创业者，以及其他以同样方式创建自己企业的人。在过去的一些年里，我在推特以及各种会议上跟他们都交流过想法。交流的人越多，我越觉得有必要给这种利用软件让创业变得平民化、常规化的新路径创建一个标签。

极简主义创业者都各有各的特色，就像通往成功的道路各有不同一样。但我尽了最大的努力，把我了解到的信息整理成这一本指导手册，给创业者提供一些可复制的方法。

成为一个极简主义创业者的步骤与极简主义生意的类型有关，而且与本书章节顺序相吻合——这并非偶然。每一章都以前一章为基础——就像学数学要先学加法再学乘法，然后学代数、微积分一样——直到最后。读完这本书，你完全可以成为一名极简主义创业者。你可以一口气读完，也可以随意跳着读，因为每个人在创业过程中所处的阶段不一样。

- 盈利能力第一

  极简主义创业者创建的企业，无论如何必须要赚钱。很多企业从来没打算坚持到能够赚钱。相反，他们的计划就是一直从投资者那里筹钱，在盈利之前把企业卖掉。而极简主义创业者的目标是从第一天或不久之后就开始盈利，因为利润是企业继续经营下去的根本。他们通过将产品卖给客户，而不是把用户卖给广告商来赚钱。

- 从社区着手

  极简主义创业者以社区为基础创业。他们不问"我怎样才能帮到你?"，而是善于观察并培养真实的人际关系。他们花时间和精力去了解用户，建立信任关系，关注"产品—市场契合度"（风险投资家马克·安德森创造的词，指处于一个好的市场并有能够满足该市场需求的产品）的市场部分，然后才开始创建企业。[10]

- 越少越好

  当真的开始创业时，极简主义创业者只创建他们需要创建的部分，剩下的交给自动化或者外包。同样，极简主义企业只做一件事情，确保把它做好。极简主义创业者与他们的客户肩并肩反复探究解决方案，让客户觉得值得为之掏钱，之后再将产品推广到社区之外的客户。

- **瞄准你的前 100 个客户**

　　极简主义创业者不把时间花在说服客户上，而花在教授客户上。销售是一个不断发现的过程。极简主义创业者把销售当作与潜在客户逐一谈论他们的产品的机会，谈论的同时也在教自己认识正在试图为客户解决的问题，这种销售方式是基于人际关系以及弱点的长跑游戏，并不是一场随后就能将产品卖给陌生人的为期一天的盛大开幕式。

- **营销最真实的你**

　　谈到弱点，极简主义创业者会分享自己的故事，从最初的挣扎到最后成功。最好的营销方式，是向世界展示你以及你的产品到底是怎样的。极简主义创业者知道人们之间彼此关心，不管何时何地，他们都会去教授、激励他人，让他人快乐。他们不制造头条新闻，而是制造粉丝，这些粉丝会逐渐自我转化为客户。

- **用心寻求自我成长和企业的成长**

  极简主义创业者主导他们的企业，而不是被企业主导。他们量入为出，不过分地花钱，也不会为了扩大规模而牺牲盈利能力。否则，这就成了一场必输的比赛……极简主义创业者不会输。

- **建造自己想住的房子**

  极简主义创业者招徕其他的极简主义创业者。他们不循规蹈矩，而是根据基本原则建立企业，几乎与所有的人保持距离。你做事的方式不会让每个人满意，但对一些人而言再合适不过。而且如果你能尽早明确并经常强调你的价值观，向别人表明你是怎样的人，他们就会主动找上门来。人们关于如何工作、何时工作、在哪里工作的传统观念正在快速地发生变化。极简主义创业者明白没有那么多规矩。

即使你现在已经成功创建了你的极简主义企业，旅程也并没有结束。请记住：它永远不会结束。极简主义创业者知道，生活中不是只有他们的企业。创业的真正魔力在于你以及你的企业能提高很多人的生活质量。那不必是几百万人，"足够"没有一个具体的标准，你说了算。

读到这里，你如果能认同我的说法，很棒。如果你仍然持怀疑态度，那也没有关系。我还有几万字来说服你，请继续往下读。

追求盈利能力，而不是成为独角兽

创建极简主义企业并不是主张快速变富，而是认为如果将盈利能力而不是规模作为企业成功的关键指标，就可以逐渐变富。能盈利意味着可以持续发展。这并不是在水里不停地踩水，直到救生艇前来救命（很多创业者在筹划下一轮风险融资的时候就是这种心态），而是意味着制造自己的船。

虽然我认为极简主义创业的思维方式几乎都可以成功，但我还是承认，只有经过大量尝试，创业才能成功。这就是盈利能力很重要的原因。如果你赚到钱了，你就可以朝着目标进行无数次尝试，只要坚持从客户身上学习，基本就能保证成功。大部分人根本不去迈出第一步，一部分迈出第一步的人没有继续往下走，一些继续往下走的人后来也放弃了，很多人能成功只是因为他们坚持到了最后。不要放弃！

老板、高校和风险投资家决定哪些人有机会尝试的时代快要过去了。如今，如何创建和发展企业的信息唾手可得，世界各地的创业者都能轻易找到，而且成本更低。这也意味着通过风险融资来创业的理由越来越少。融资本身没有问题，并不是所有的独角兽企业都不好。我为 Gumroad 融过资（而且后面你会读到，我又融资了，但是方式不一样），像 Pinterest、Lyft（打车应用，"来福车"）、Slack（企业沟通工具，"聊天群组"）等企业也都进行了风险融资，并迅速发展，但仍然专注于客户。不过，风险投资模式之所以能存在，很大程度上依赖的是企业的不可持续增长，以及毁掉没有融资的其他企业。

为什么会出现这种情况？风险投资是一种高风险、高收益的投资策略。风投基金用资本换取初创企业早期的股权，本质上是购买了所投资的这些企业的一部分未来价值。这个模式的有效运转需要为数不多的胜利者，比如优步、爱彼迎以及 Stripe，为所有的失败者买单。牛仔创投（Cowboy Ventures）的艾琳·李（Aileen Lee）创造了"独角兽"一词，代指那些估值超过 10 亿美元的私人初创企业，它们是风投基金的命脉。[11] 在神话故事里，人们无法不去追逐独角兽——它们的魅力几乎令人无法抗拒。但同时，独角兽少之又少、难觅踪迹，几乎不可能抓住。

艾琳·李的比喻非常恰当。在试图建立 10 亿美元级企业的道路上，几乎所有人都失败了，[12] 即使是那些筹集了大量风险资本的创业者。[13] 门罗风投（Menlo Ventures）的董事总经理兼合伙人马特·墨菲（Matt Murphy）曾表示：在初创企业中，几乎 70% 是不成功的，这个不成功可以是完全破产清算，也可以是现金流转负为正——这对于企业本身虽然还算是好的，但是对风险投资方仍然不利。他还说，那些仍然坚挺的 30% 的初创企业，有些能提供 3~5 倍于初始资本的回报，而这在独角兽的背景下只能算一般的成功。整个体系依赖的是风投公司所投资的至少 5% 的企业，它们提供了 10~100 倍的投资回报，抵消了其他投资的亏损，让这一切都值得。没有它们，风险投资模式根本行不通。这是因为极少数 10 亿美元级初创企业的巨大成功，弥补了往成千上万个其他创业企业投资造成的亏损——就像往墙上扔很多意大利面一样。①

　　极简主义创业者不会这样做。我们从一开始就心无旁骛，只关注盈利性，为的是尽早获得可持续发展的能力，

---

① 往墙上扔意大利面（throw something against the wall and see if it sticks），源自将意大利面砸到冰箱上的做法，目的是检查其是否能够粘住，如能粘住，表示可以出锅了，用来比喻某种尝试。扔很多的意大利面到墙上，源自 throw spaghetti at the wall and see what sticks 的表达方式，原意指做出大量的尝试或者猜测，期待至少有一些会正确或者有用，这里用来比喻风投基金投资多个初创企业进行尝试，期待有一些会取得巨大成功，带来高额收益。——译者注

这样我们就可以按照自己的意愿服务我们的客户和社区，想服务多久就服务多久。

创业，你本来就可以

无论你此刻在哪儿工作、如何工作，或者为谁工作，你都可以利用这本书里的各种原则重新审视那些可能让你一直裹足不前的观念和做法。我的确认为人人都应该有机会创业，不管你的背景如何。这也是这本书提供了很多伟大企业的案例的原因。它们是由世界各地富有激情的个人创建的，这些人中有很多到现在都很低调。各种新的网络工具让每一个人——包括个体创业者和独立创作者——创建企业、开拓市场以及销售产品更容易、成本也更低，如果你也想极简创业，我希望他们的故事能为你提供参考。

你从哪里开始？请认真地看看你所关心的人群、地方以及社区。痛点在哪里？哪些事情行不通，但是稍加努力就能解决问题？这些都是通过极简主义创业改善现状的机会。人们经常到处找创业点子，同时又对日常生活中不顺利的事抱怨不已，我觉得这很有讽刺意味。"我当然可以通过一点努力就帮人们解决那个麻烦，但潜在市场并不是很大，都没法扩大业务。"这就是本书要纠正的思维方式。

你可能已经开始创业之旅了，如果你刚刚开始，有些商业模式更容易走上极简主义创业之路。它们包括了几乎任何一种拥有快速客户反馈回路以及大量迭代机会的 B2C（企业对客户）、B2B（企业对企业）经营模式，比如 SaaS（软件即服务，是一款应用程序）、电子或实物产品以及服务，或者建立人们之间的联系并收费等。这些在本书后面的内容中都会讨论。

有些企业因为客户反馈节奏较慢，可能不适合这种模式。比如对于任何需要投入大量研发经费的企业，或者以《财富》100 强企业、教育学术界、医院等这些大型官僚化的企业或机构为主要客户的企业，我推荐的流程和体系可能就不太匹配。

好消息在于，"企业"含义的变化比以往任何时候都快，给更广泛的创新者提供了机遇。虽然这个转变在 2020 年之前就已经开始，但新冠肺炎疫情加快了它的发展，让各种不同背景的人对创业越来越感兴趣。跟以前相比，我们现在不需要搬到硅谷，或者进入哈佛、斯坦福这类学校，不需要从风险投资家那里筹集资金。互联网让你能够在任何地方学习，与任何人建立联系，直接从客户那里融资。

这个世界迫切需要只有创业者能提供的解决方案。我们的日常生活中存在各种各样的问题，但是它们往往无法进入硅谷软件工程师以及常春藤高校精英这一创业阶层的视野。我们需要全球各地、社会各个阶层创业者的帮助。为我们自己以及我们的企业设置更好的目标，依赖于一个个创作者和创业者。毕竟世界上的问题不会自己消失，而人可以解决它们。

先是创作者，再是创业者

要是把创业步骤写在纸上，看上去会非常容易。

1. 你的理想客户是哪些？缩小这个群体的范围，直到不能再缩小为止。

2. 明确你要帮他们解决的痛点是什么，以及他们为此愿意付多少钱。

3. 设置一个严格的时间表，专心致志地设计一个方案，然后收取费用。

4. 不断重复这个过程，直到找到一个可行的产品，然后围绕它扩大经营。

这些步骤实际操作起来并不简单。其间会出现各种意料不到的复杂情况，而且大部分人都不知道从哪里开始。任何一种"企业"都太可怕、太不确定，或者太遥不可及。幸运的是，今天，开始"经商"有另一种路径：在成为一个创业者之前，先成为一个创作者。

它可以指成为一个艺术家，但不用必须是艺术家。创作者创造作品，并为此向受众收取费用，然后利用这些钱去创造更多东西。他们将挣来的第一笔钱视为工具，为自己的创意提供动力，而不是反过来为钱而创作。随着时间的推移和经验的积累，创作者会向他人展示如何将创造力变成生意。越创造，越赚钱；越赚钱，越创造——就这样循环下去。在本质上，Gumroad 这样的企业与进行创造的创作者没有多少区别（仅仅是语义学上的差异），两者都是一个或者更多人使用"生意"这一工具去创造新东西。画家需要画笔，作家需要铅笔，创作者需要生意。理解这一点非常关键，因为它帮助人们克服了对开始创业的认知障碍，而开始行动至关重要。你不应先学习，再开始；而要先开始，再学习。

我中学时代最好的朋友迷上了电脑游戏《魔兽世界》，之后开始用 Photoshop（图像处理软件）设计科幻角色。我当时觉得特别了不起，还记得我在想："我也可以做到。"所以，我学了一些 Photoshop 教程就开始设计了。当掌握了这个软件的使用技巧时，我开始提交作品到各种网络设计大赛。我并没有获得过任何奖项，但创造很多东西并将其公开的过程让我成为一个非常像样的设计师，而且之后也让我接到了一些网页设计的兼职工作。

一旦开始帮别人做项目，你就会不由自主地产生自己的想法。所以我开始设计简单的网页软件，招聘程序员帮我写代码。比如在推特能支持本地线程之前，我创建了一款叫作 Tweader 的软件来看推特上人们之间的对话。另一款软件，Ping Me When It's Up（"如果上来了就'叮'我一下"）会在无法访问的网站恢复时给我发信息。（到现在应该很明显了，我不擅长起名。）

在苹果应用商店开放的时候，我通过 iTunes U（苹果公司推出的教育平台）里面斯坦福大学提供的叫作"CS193P"（我仍然推荐它！）的免费 iOS（苹果公司开发的操作系统）开发课程学习了如何编程，之后设计了一些软件产品，通过苹果应用商店卖给世界各地的用户。卖软件时，苹果应用商店帮我处理了所有与财务相关的事宜，这意味着我可以专心设计软件。完美！

我设计的第一款软件叫作 Taxi Lah!，让用户从手机上叫出租车——那个时候优步还没问世。我把它放到新加坡用户的苹果应用商店里，并赚了几千美元。之后，我还开发过一款叫作 Color Stream 的软件，让设计师可以在手机上创作并修改调色板。这款软件让我赚了 1 万美元。每一次，我都是在解决我遇到的一个问题。我想要设计一些软件，让我的生活以及他人的生活变好一点点。

这一经历——将真实产品输送给真实客户——让我进入 Pinterest 拿到第一份工作，在那里我设计创建了苹果版的 Pinterest 应用程序。在那期间，我利用业余时间开发了 Gumroad 来帮自己卖一个用 Photoshop 设计的图标。当发现某个问题有可行的解决方案时，我就把它卖给其他创作者，他们又把自己的产品卖给社区的创作者。这些人中有很多最后成了 Gumroad 的客户。一直以来从未刻意考虑过创业的我，现在已经是一个真正的创业者。

苹果应用商店为我清除了市场推广以及财务方面的障碍，让我得以充分拥抱我创造性的一面，成为一个创作者。这个转变又引领着我成为一个创始人。这是一个向上的良性循环——创作带来更多的创作。今天，Gumroad 为其他即将成为创作者的人做了同样的事情。它基本上是一个被美化的萨希尔^①克隆工厂。这难道不美好吗？

马克斯·尤利尼（Max Ulichney）是洛杉矶一名艺术

---

① 萨希尔就是作者本人。——译者注

总监兼插画师。一直以来，他所设想的生活就是白天在一家大公司工作赚取生活费，换来晚上可以花几个小时的时间做自己的事。他在一家创意公司做了 15 年的艺术总监，最后开始在开会的间隙用一款名为 Procreate 的苹果平板电脑软件涂涂画画。几年前的一天，马克斯决定把给自己设计使用的一些电子"画笔刷"卖给其他 Procreate 用户。在获得几百美元的收入之后，他确定把卖电子工具当作一门生意这件事值得继续做下去。做了两年后，马克斯作为一个独立创作者已经可以维持生活。最近，他辞去了公司的工作，来全职经营 Maxpacks 画笔这个电子产品。

像马克斯这样"先创作，后创业"的例子不胜枚举。

亚当·沃森（Adam Wathan）和史蒂夫·施沃格（Steve Schoger）专门教人设计开发网络应用程序。他们像我一样，认为几乎所有人都可以通过一点帮助，成为一个合格的前端网络工程师和设计师。在仅花了几年时间培养了一群网络粉丝之后，2018 年 12 月，他们推出了 Refactoring UI（重构用户界面）线上课程，在 1 个月的时间里就获得了超过 80 万美元的收入。现在，他们能够把时间花在真正喜欢做的事情上：设计 Tailwind——一款帮助用户快速创建自定义网页设计的免费开源软件。

克里斯蒂娜·加纳（Kristina Garner）是两个男孩的

母亲，她教那些孩子在家上学的家庭开展非宗教性质的、以自然为基础设计的课程。凭借这个从 2015 年开始养成的个人爱好，她已经从一个博主变成了一个有几十个员工的企业——花与根（Blossom and Root）的老板，每个月帮助成千上万的家庭。

这些人只是上个月在 Gumroad 上卖出产品的 28207 个创作者中的几个。这个数字今天看来很大，但是刚开始时小得多，企业初创时的目标也没有这么崇高，创造最开始都是这样：处于接近于零的位置。曾经什么都没有的平台，现在有一些东西了：电子笔刷、线上课程、送货上门的维达利亚洋葱。

在下一章，我会告诉你如何迈出第一步。

关键要点

- 你不应先学习，再开始，而应先开始，再学习。
- 极简主义创业者关注如何"尽一切力量盈利"，而不是"不计一切成本扩张"。
- 生意，是你为所关心的人群解决问题的方式，你也会因此赚钱。
- 先成为一个创作者，再成为一个创业者。

了解更多

• 关注彼得·艾斯丘的推特账号（@searchbound），他经常分享创业点子、跟域名有关的商机以及其他有趣的信息。

• 《我在网上卖洋葱》，网址：www.deepsouthventures.com/i-sell-onions-on-the-internet/。

• 《打造10亿美元级企业梦想破灭后的自我反思》，这篇文章启发了我写这本书，网址：sahillavingia.com/reflecting。

• 在照片墙（Instagram）上关注 @gumroad，了解我们平台创作者的故事。

• 在 Clubhouse（一款音频社交软件）上加入"极简主义创业者俱乐部"社区，结识其他极简主义创业人士，并从他们的经历中学习。

第二章

从社区着手

养育一个孩子，需要整个村庄的力量。

——非洲谚语

2009 年，索尔·奥韦尔因超重非常郁闷，于是他决定加入 Reddit（红迪网）的健身社区搜集信息、寻求支持，这个社区是 Reddit 数千个较小的在线社区之一。与此同时，他开始阅读有关健身与营养的书 [比如蒂姆·费里斯的《每周健身 4 小时》(The 4-Hour Body ）]，将从书中学习到的内容整理成笔记，把阅读摘要分享在 Reddit 的健身社区。遇到问题的时候，索尔很自然地就会想到登录 Reddit 寻求支持。当时索尔已经加入"NBA"（美国职业篮球联赛）和"多伦多"以及其他一些社区，因此他知道并理解 Reddit 对于内容发布的真实性和实用性的规则和规范。

他对于健身和营养的内容了解得越多，分享得就越多。除了分享读书笔记，他还通过回答其他用户提出的问题和记录自己在几年时间内减掉 60 磅[①]体重的个人经历来激励他人。他将自己减重成功归因于与其他用户建立联系，其中包括健身社区的版主之一柯蒂斯·弗兰克。最后，索尔和柯蒂斯一起管理这个社区。随着时间的推移，他们注意到了两个一直存在的问题。

第一，关于各类营养补充剂的可靠信息并不多，不管这类信息是来自其他 Reddit 用户还是来自生产这些产品的企业；第二，几乎每天都会有新加入的社区成员问相同的问题，很多都是关于营养补充剂的。这两种情况让索尔不胜其烦，但最后他意识到可能大家需要的资源并不存在。

索尔和柯蒂斯看到了一个可以为他们所关心的这个社区做的事情。[1] 在做版主的两年时间里，他们已将社区用户从 5000 人培育到了 5 万人。2011 年，他们创建了 Examine.com 网站[2]，在这个网站上，人们可以找到免费、客观的，关于营养补充剂的最新研究成果和信息，这些内容也是他们自己曾经一直在寻找的。

---

① 磅为英制质量单位，1 磅约为 0.454 千克。——编者注

他们把自己的项目告诉了大家，但是并没有卖任何产品，只是偶尔在健身社区回答问题时放一些链接。然而，社区其他成员为他们做了这件事。毕竟，彼时他们加入Reddit论坛已有5年左右的时间。索尔记得他们都有"10万+的karma值"[3]（karma值是一种根据其他用户的点赞和留言衡量用户对Reddit贡献多少的指标[4]），所以人们信任他们，而且他们在为健身社区解决一个个问题，没有要求任何回报。

在创建该网站两年后，2013年，他们开始考虑赚钱的问题，因此他们在社区中做了一个调查，以了解大家认为Examine.com上的信息可能解决哪些问题。"我们会问人们：'你的问题是什么？你希望你能做些什么?'"索尔回忆道，"最常见的反馈就是'我们希望你们有一个包含网站所有信息的目录。这样如果我想看看控制血压的补充剂，我可以快速查找'。"就是这样的回答，让他们推出了自己的第一个产品：《研究文摘》（*Research Digest*），一份关于补充剂和营养的全面指南。[5]

索尔在健康与营养领域广为人知。为了推广《研究文摘》，在加入Reddit论坛"健身"版块4年之后，他用上了自己与健身专业人士的关系。当他和柯蒂斯推出产品的时候，健身行业有105人分享了该链接。当时设定的目标是销售 1000 份杂志，第一天结束时，他们已经售出600~800 份。到发布活动结束[6]，他们已经卖了 3000 份杂志，所有这些都基于声誉、信任和口碑。

现在，索尔心情好、身体好，还有钱。Examine.com 仍然是健康和营养专业人士获取信息的重要来源；尽管索尔已经不再参与网站的日常运营，但网站每天仍有 7 万名访客，而且年收入达到 7 位数。[7]他的团队扩展了网站的产品线，新增了其他指南和订阅服务，内容是关于补充剂不仅影响健康，还关系到延年益寿、慢性疾病和心理健康的。尽管如此，他们从来没有偏离社区这一重心，继续依靠那些随着时间的推移真实发展起来的信任和关系。

在本章，我们将讨论如何找到自己的社区（如果你还没有找到），以及如何发现可能最适合极简主义生意的那些问题。坦白说，这个过程需要时间，但如果方法得当，而且最重要的是，如果真正去做，这将是你现在以及未来数年前行的基础。不管你是刚起步还是正在创建产品，每一个阶段的关键都在于了解你的社区并为之做出贡献。记住这一点，你就能营造出有益于合作和业务增长的氛围，这最终会为你带来一家可持续经营且有影响力的企业。

社区第一

社区是一个基本的社会单元。从索尔在 Reddit 论坛的健身社区到瑜伽课的小组，到家庭，再到我们半夜一起打游戏的那群朋友，社区是一个能够彼此联系、共同学习以及玩乐的地方。对极简主义创业者来说，社区就是任何成功企业的起点。

这并不意味着你应该只是为了创业，就跑出去找一个社区加入。而是说大部分企业失败，都是因为创建时头脑里没有一个特定群体。通常，那些成功的人都专注于自己非常了解的社区。这个过程不能仓促进行，因为这来自真实的关系以及服务的意愿，两者都需要时间去发现和培养。你甚至还可能需要学习一种新语言，或者至少一些业内术语。

社区过去通常受地理位置限制。但现在，与有共同之处的人建立联系比任何时候都容易，不管这种共同之处是兴趣一致、喜欢同一位艺术家，还是属于同一个信仰体系。不过，社区可不是一群思考、举止、外貌或者行为方式一模一样的人组成的。

社区与之相反。这是我从旧金山搬到普罗沃，走出硅谷泡沫时认识到的。我第一次注意到，最好的社区是由兴趣、价值观、技能相同，但是其他方面又有所不同的个体组成的。这是一群在其他情境下可能不会共处的人，通常包含各种身份（包括政治信仰）的人。

　　社区能打破人与人之间的界限。每周日在后期圣徒教会，我都会看到激进派挨着保守派、富人挨着穷人、年轻人挨着老年人。我不知道在教堂以外他们如何看待对方，但至少每周有一天他们因为同属一个社区而坐在一起。

　　这并不容易。成为教会社区的积极分子，学习用那样的语言说话都需要真正的努力。很长时间以来，我第一次想到一件重要的事情：你不需要全身心投入你所加入的每个社区，但是你必须要把你的一方面投入进去，这一方面必须完全真实。正是时间与弱点的结合带来了人际关系的建立和成长。

你不需要全身心投入你所加入的每一个社区，但你必须要把你的一方面投入进去

我个人成长的一个方面在于，我意识到作为一个局外人，自己处于一个可以用全新的眼光看待这个社区，并以新的方式去贡献价值的有利位置。你可能永远不会搬到一个新的城市，但从社区的角度看，突破自己非常重要。随着对新社区的不断探索，离开某些社区是健康、正常的。

从硅谷搬到犹他州硅坡的经历使我明白，我并不是很在意科技，至少不像我曾经想的那样在意。在犹他州期间，我并没有去 JavaScript（一种编程语言）沙龙，没有参加设计讲座，也没有在创业大赛做过评委。相反，我发现自己经常去人物素描培训教室，或者在一个离农场谷仓几百英尺①远的地方学习外光彩绘，或者每周四早上在一个咖啡馆与在写作课上结识的几个朋友一起撰写或校阅科幻小说。

找到现实生活中的这些创意社区，让我想起早期给我启发的灵感，再次发现自己其实是一个创作者，与其他创作者相处的这段经历让我联想起当初创建 Gumroad 的原因：我喜欢创作！我竟然忘了这一点，而且一忘就是好多年。

那个时候，我偶然处在了安德森·霍洛维茨基金前合伙人兼阿泰利尔风险投资公司创始人李·吉恩（Li Jin）所称的"激情经济"这股正在掀起的潮流的最前沿。[8] 在

---

① 1 英尺 =0.3048 米。——编者注

激情经济世界里，"人们能够凭借自己的爱好来谋生，从而拥有一种更充实、更有意义的生活"。[9] 我创建 Gumroad 的时候，线上创作者平台仍然是新事物，但各种无代码工具的兴起，让播客、音视频内容、线上课程、虚拟教学以及虚拟训练的创建和收费都能顺利实现，因此围绕自己热爱的领域来创业要比以往任何时候都容易。

你可能有自己喜欢做的事情，它表面上与你"真正"的工作没有半点关系。它也许是跑马拉松、陶艺制作、听电子音乐或者利用业余时间钻研其他东西。不管是什么，围绕着你喜欢与其共度时光的人和你喜欢的消磨时间的方式进行极简创业，都需要加入这个社区。可能你已经在考虑如何解决目前所在社区存在的问题，或者只是计划根据自己的某个兴趣加入一个社区。不管哪种情况，在一开始找到你的社区都非常重要，不仅是为了你的生意，也是为了你自己的幸福。

在普罗沃上写作和绘画课提醒了我，我的社区不仅仅是眼前的这些人，它是一个更广泛的群体，他们像我一样，想要"把自己热爱的事变成谋生之技"。[10] 我所在的这些真实的社区对"不惜一切代价的增长"不感兴趣；那种高速扩张会让他们完全崩溃。相反，他们跟我一样，关心的首要问题是彼此建立联系，能够有空间、时间和自由去探索自己的兴趣，并最终通过有意义的方式把自己热爱的事转化成事业。

找到你的人群

虽然很多人已经是数个社区的成员，但还是很难有意识地将自己置于社区中。如果读到这里，你在思考你已经在哪些社区里，那就问问自己下面这些问题。

如果我开口说话，谁会听？

我在线上和线下把时间都花在了哪里？跟哪些人在一起？

在哪些情况下，我展现的是最真实的自己？

我都和谁一起出去玩？即使我并不是真的很喜

欢他们也值得，因为我们有着更重要的共同点。

请至少花一个小时去思考这几个问题，直到有几次觉得确实已经没有更多想法了。在最后形成的清单上，你会发现要服务的人群。你如果已经创建了一家企业，可能会想跳过这个步骤，但我相信经常思考这几个问题，可以让你记得做这份事业的初衷，最重要的是，提醒自己在为谁做这件事。

之后，你可以将社区清单转变为位置清单（包括地理位置以及线上的位置），也就是你要花更多时间去了解贡献价值的地方。

- 每个有共同兴趣的群体，都有一个脸书群、一个 Reddit 社区、一个推特或者照片墙话题标签，或者在网上收集和分享想法的其他形式。通常有好几个，都加入其中。
- 有些社区有专门服务于它的企业对其进行管理，比如论坛、小组等，这些也要加入。
- 还有一些名师，他们的在线课程拥有跟社区一样的功能，这些课程可能也值得加入——但要留意成本。
- 当然，还有一些线下的社区！比如聚会、工作坊、培训班、讲师系列课程、社交活动等等。

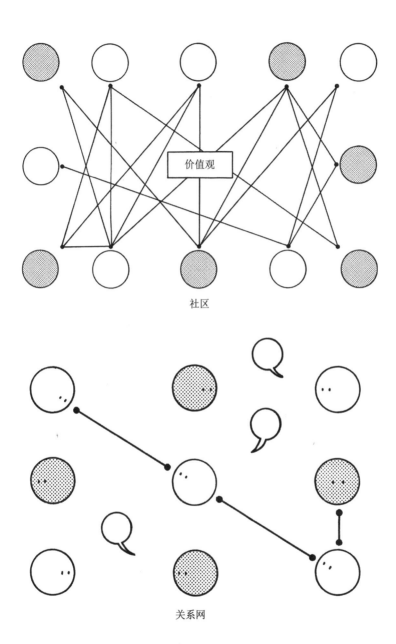

价值观

社区

关系网

需要注意的是，这里你的目标是加入社区，而不是关系网。

在一个关系网中，比如脸书、推特或照片墙，新人从零开始。当你加入时，没有人跟你打招呼，如果你有话想说，也不能保证有人会看到或者帮助你。

关系网，无论是线下还是线上，都不错。有时，它们能带来真实而有意义的关系，尤其是随着时间的推移，当你逐渐获得朋友和关注者，算法开始向不认识你的人推荐你的作品和内容的时候。那些朋友和关注者最初来自哪里？你所在的社区！（注意：关系网和受众对极简主义创业者相当重要，这一问题我们会在第五章深入讨论。）

最终，你会加入作为你的品牌门面的各种关系网，但最开始，不管病毒式传播的潜力看上去多么有吸引力，都不要认为关系网和社区可以互换。相反，要先建立深层关系。

贡献，创作，教他人

成为社区的一员只是一个开始，当你开始贡献价值时真正的魔力就会产生。作家兼博主本·麦克康奈尔（Ben McConnell）和杰基·胡巴（Jackie Huba）称之为"1%法则".[11] 他们两人说，在互联网上，1%的人创作，9%的人贡献，90%的人消费。他们已经证明这个法则适用于维基百科和雅虎这样的网站，而且也广泛适用于其他协作网站。例如，大部分人不会像索尔·奥韦尔和柯蒂斯·弗兰克一样在Reddit论坛上发帖、留言或者点赞。相反，他们匿名浏览，这被称为"潜水"。举个例子，即使Reddit的提问社区一天有150万个独立访客，同一时间段也只有2674条帖子和110408条评论。

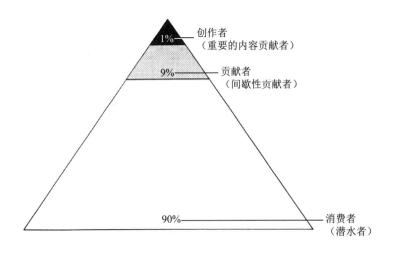

如果你贡献了价值，你的曝光度将是没有贡献价值的用户的10倍，而且它会继续增长。

贡献价值是指评论、发帖、参与更广泛的对话。而且，如果你再进一步，通过展示你正在做的事、教授你正在学的东西，或者为你的社区带来新素材等方式进行创作，影响力会扩大 90 倍。当然，我在简化这个过程，但是希望这个观点成立：尽管潜水比不必要地评论好，但给社区增加价值更好，哪怕你觉得还没有准备好。如果你和很多人一样为此而纠结，提醒自己，如果有内容可以补充却不去做，那就是自私的！

一旦你开始贡献内容，人们就会开始记得你的名字。最后，有些人还会直接 @ 你或关注你来寻求你的智慧之言，这样他们在你每次发帖时都会得到通知。

在犹他州生活期间，我认识了几个以这种方式建立社区并进行创业的画家。有一个例子是风景油画画家布莱恩·马克·泰勒。他加入了一个加州海岸各种户外彩绘竞赛的参赛画家和艺术爱好者社区，通过这些比赛出售他的作品，并建立了一个由收藏家和艺术家组成的忠实粉丝群，他们追随他来到照片墙。在那里，他通过发布更多作品以及视频教程将社区发展壮大。21 世纪 10 年代初期，当画架在一次背包旅行途中坏掉的时候，他创造了斯特拉达画架（Strada Easel）的原型来解决自己的问题。因为他的社区通过共同的兴趣在数年时间里已自然扩大，所以他有数千名其他画家可以分享这个画架，而这些人后来也都想要一个。今天，"斯特拉达画架"让布莱恩及其员工都获得了满意的收入，他也得以尽情地去作画。

一旦你通过定期参与对话来培养人际关系，你就有机会去教他人了。但是，你要如何说？如何吸引社区中那些你已经慢慢了解并尊重的人的注意？关键在于创造价值，这些可以通过三句话来概括，为创作者提供邮件营销服务的 ConvertKit 品牌创始人内森·巴瑞（Nathan Barry）将其挂在办公室里。它们是：

- 在公众视野下工作[12]
- 教你所知道的一切
- 每天创作

如果你总是在学习，那么你将总有东西可以教别人，帮他们厘清下一步怎么做最好。

2006 年，内森开始写博客、出版电子书，这时，他在为他的工作发展社区时遇到重重困难，而他所在领域里的其他人似乎做得非常顺利。他关注的一个网页设计师名叫克里斯·克叶尔，克里斯定期在自己的网站（CSS-Tricks.com）上发布文章和教程。

基于他的文章，克里斯拥有了一些关注用户。2012

年，当需要 3500 美元的生活费来休一个月的假，以重新设计他的网站时，他承诺如果支持他的 Kickstarter^① 项目，便能获得他重新设计网站过程的视频教程。在很短的时间内，克里斯募集了 87000 美元。"我忍不住去想，在网页设计上，克里斯和我有同样的技术，"内森写道，"我们同时开始，进度也一样，为什么克里斯可以翻身，从一个 Kickstarter 项目筹到 87000 美元，而我却没有这个能力？我们之间的差别在哪里？"

他们都在做这件事，但克里斯在分享做事的过程，而内森没有。"我意识到，我总是接项目、做项目、交付项目，然后就不管了，继续往前走，"内森说道，"克里斯做了一样的事，但是在继续下一步之前，他会把做那个项目学到的所有东西分享出来。在可以的时候，他分享了他的设计，把他所写的代码以及使用的所有具体方法写成了教程。每一个项目他都这么做。我们的区别就在于，一直以来克里斯在分享他所知道的每一件事，而我没有。"[13] 自从内森领悟到这一点，ConvertKit 的年度经常性收入已经增长到 2000 多万美元。

如果你学到了某些东西，你社区里很可能有一大批用

_____

① Kickstarter 是美国的一个专为具有创意方案的企业筹资的众筹网站平台。——编者注

户会发现从你那里学习同样的东西的价值，即使你不是那个领域里的世界权威。

而且，如果你定期学习，那么你将一直有内容可以贡献给社区。随着时间的推移，这会慢慢产生飞轮效应，因为教学通常会成为激发自己的好奇心和灵感，让自己学更多东西的最佳方式。当在公共视野中学习时，你的学生们会有各种问题，这会迫使你学习更多的东西来教他们。

你不必教你学到的一切。事实上，缩小核心关注点会更好。举个例子，作家、企业家、软件业务专家帕特里克·麦肯齐（Patrick McKenzie）认为，最好的个人品牌存在于两个话题的重叠区域。他最有名的作品是 2012 年发表的一篇关于薪酬谈判的帖子，这篇帖子已经成为软件工程领域的另类经典。[14] 他现在为 Stripe 工作，在那儿他从自己身为创作者和企业老板的经历出发，继续写作，为软件工程师和软件创业者提供创业以及与业务扩张相关的咨询。[15]

如果你每天都在学习，你可能就是这样，每天都有内容可以分享。同时，你会积累技能和经验，学会说特定的语言，扩大你的社区，这些都是你创作出一款可以出售的产品必不可少的要素。

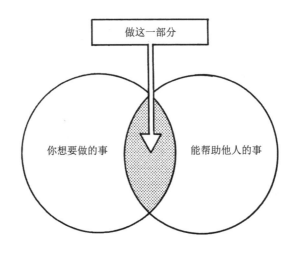

遗憾的是，正如你可能已经知道的，这没有捷径可走。当你思考现在正在创作的内容，以及它如何在以后带来一门生意时，看看你所在的那些社区。你已经在那里投入了时间和精力，所以可能你已经知道该如何继续了。如果还不知道，那就继续努力，继续利用你的时间使自己变得强大，学习绘画、编码、写作，或者任何你喜欢的东西，一边学习，一边将你的收获分享给大家。

当你精通到可以利用你了解的东西赚钱时，无论是现在还是将来，只要你投入时间，你所在的社区就会颇具规模，这些社区成员最终会成为你的第一批潜在客户（第四章和第五章有更多相关内容）。这一点很重要，它能让你坦诚面对自己能够创作的内容的质量。你的社区成员应该成为你不断进步、不断创作并帮助他人的见证者；这些人可以把他们的注意力花在无数的事情上，但是他们选择了你。

先成为一个帮助别人的人，之后再去建立一个帮助别人的企业。这并不是巧合。当成为社区的支柱时，你会了解到社区成员面临的各种问题。人们会来找你，向你说明他们的问题，向你寻求帮助以解决这些问题。

一夜成名是个神话

我花了很长时间——直到写这本书！——才意识到社区对我的职业生涯有多么重要。我所讲述的 Gumroad 起源的故事，是从我作为一个初级工程师在 Pinterest 工作开始的。进入 Pinterest 几个月之后的一个周五的晚上，我在家为一个业余项目设计拟真图标。我设计了下面这个图标：

没记错的话，我花了 4 个小时。但是，如果有一个可以看所有的阴影、高光、形状如何融合的源文件，只要一半时间就可以完成。我很愿意花钱去买那个图标，至少 1 美元。因为我在一个志同道合的设计师社区，所以知道很多人也会买。不仅如此，那些设计师中的一部分人直接在推特上关注了我——他们都是潜在客户。

我在网上看了一圈，以为把数字产品卖给我的受众会相当容易，但事实并非如此，需要设置一个完整的店面并每月支付费用。这个问题"撞伤了我的脚趾"——我在本章稍后会更详细地解释这个概念。

我在那个周末创建了 Gumroad，周一早上就发布了，甚至还卖了几单那个铅笔图标。

但是那个经典的起源故事并不完整。事实上，在这之前我遇到过类似的问题，也有过类似的思考过程，但那个时候没有决定创建 Gumroad。在 2012 年的一篇博文中，我记述了当时试图卖掉我为苹果手机设计的推特客户端软件的源代码，但并没有成功的经历。我花了好几个小时寻找解决方案，但是什么也没有找到，于是就放弃了。

从我第一次设想 Gumroad 的原型到第二次设想，中间数年发生了很多变化。但是最重要的转变是我找到了自己的社区，并通过创作、贡献、教学相结合在社区里确定了自己的地位。当这一想法第二次出现的时候，我拥有了充足的信心、受众群体以及洞察力来快速有效地解决一个有意义的问题。

从表面上看，这一切似乎简单明了，但实际上，不仅成为社区的一分子需要时间，选择自己想服务的社区、确定想解决的问题也都需要花时间。世界上真的不存在一夜成名。大部分人的成功都是多年努力的结果，就像我能够在一个周末的时间创建 Gumroad，也是因为做了很多年的准备。

当我刚开始做网页设计的时候，家长和老师是我的第一批客户（一位社会学老师需要为她的书建立一个网站，一位家长需要帮助一个本地慈善拍卖项目提升在网上的曝光度）。慢慢地，我在类似 TalkFreelance（自我描述为"对网站设计、编程、搜索引擎优化等感兴趣的网页设计师和程序开发自由职业者的论坛"）这样的网上论坛找到了志同道合的网页设计师。后来，我发现了黑客资讯（Hacker News）这个大部分硅谷人在线上聚集的网站。最开始，我是一个"潜水党"，后来成为一个留言评论者，再后来是一个积极的贡献者。因为我的个人介绍以及邮箱签名里有我的推特账号，逐渐就有人关注我，表示了他们的兴趣，我开始收获一小部分粉丝！

社区对我的个人成长以及事业发展至关重要。它们是我交到朋友并建立业务关系的地方。直到今天，我仍然会与一些因为那些年而记得我名字或网名的人见面。我没有任何目的，只是想参与黑客资讯这个社区。因为他们的帮助，当那个周一早上我推出 Gumroad 时，它冲到网站首页的顶端，并在那儿停留了一整天。虽然那只是我故事的开始，但它仍然证实了一点：我找到了我的同伴，我属于这里。

选对社区

你一旦加入一个社区，就可以开始列出社区成员所面临的困难。你可以想想自己能如何创建产品或者服务来解决其中某个或某些问题。

每个社区都存在一系列独特的问题，需要特定的解决方案。你可能加入了很多社区，但是如果要以一种能带来极简主义生意的方式在社区产生影响力，你应该关注在里面能够（并且想要）实现以下几点的社区：（1）创造长期价值；（2）为未来几十年建立关系；（3）为自己塑造独特、真实的声音。对于想要产生影响的极简主义创业者，社区是保持专注的地方：别想着改变这个世界，可以改变自己社区的世界。

仅仅任选一个社区是不够的，你还需要考虑自己的兴趣爱好。你可能加入了很多社区，但这并不意味着你想将醒着的大部分时间用于解决它们的问题。除非那个社区有些要素及其存在的问题与你热爱的事情重叠，否则，在这个领域经营生意你很可能不会快乐——轻视你的客户可不是上策。

这里还有两个更重要的属性，可以帮你确定可以重点关注的理想社区：社区规模，以及社区成员愿意花多少钱（换言之就是潜在的市场规模）。这里的目标并不是找到最大、资金最多的社区，以获取其中 1% 的市场，而是要去找某个合适规模的社区。如果市场规模太小，你就无法去创建一门可以持续经营的生意；而规模太大，要想达到能够持续经营的状态就会花很多钱——而且在这个过程中，还会吸引或者制造竞争对手，它们会跟你拼到底，打一场你可能赢不了的价格战。

想要赢，最好的方式是成为独一无二的那个。而成为独一无二的那个的最好方式，是选择一个"金发姑娘规模"[①]的群体，他们有愿意花钱去解决的问题，而且这个需求还没有被满足（可能因为规模太小，不足以让较大的竞争者来抢市场）。

Calendly（基于云计算的日程安排平台）的创始人托普·阿瓦托纳（Tope Awotona）在 2013 年创建这款日程安排软件之前，曾经为三个完全不同的社区创建过三个完全不同的企业。2020 年，Calendly 年度经常性收入接近 7000 万美元 [16]，是 2019 年的两倍多。但是，阿瓦托纳的第一个企业开发的是一款从未真正启动的约会软件。第二个公司

---

① 金发姑娘规模，英文为 Goldilocks size。Goldilocks 是童话故事《金发姑娘和三只小熊》里的金发小女孩，迷路的她未经允许就进入了熊的房子。她尝了三只碗里的粥，试了三把椅子，又在三张床上躺了躺。最后发现不烫不冷的粥最可口，不大不小的椅子坐着最舒服，在不硬不软的床上躺着最惬意。这里指大小刚刚好的规模。——译者注

（projectorspot.com）卖投影仪，但是当时销量不佳，利润也低。之后，他尝试了第三次创业：卖烧烤架。但就像他自己说的："我对烧烤架毫不了解，也不想去了解！我住公寓，从来都没进行过烧烤。" [17] 他不仅没有参与烧烤方面的社区，更不想参加！

他创建 Calendly 采用了一种不一样的方式。职业生涯早期，他曾是一名销售代表，知道发很多邮件来安排会议有多麻烦，创业期间卖自己产品的时候也遇到过日程安排的问题。随着时间的推移，以及他的其他想法都未能如愿，阿瓦托纳发现了市场的一处空白，决定为他所关心并且了解的销售代表社区解决这一问题。他说："创造有影响力、服务于他人且你知道人们愿意为之买单的东西的过程，跟你为了钱而去做某件事不一样。"虽然很多人都有因安排日程而疲惫不堪的情况，但阿瓦托纳专注于销售代表们所特有的问题。这帮他界定了一个他既能够解决也可以从中赚钱的问题范围。[18]

这对你来说意味着什么？首先，加入社区，不管它们在哪里，线上还是线下；然后，去贡献、去教，最重要的是，去聆听；最后，用上面提到的条件去筛选，确保选出合适的社区来提供服务。

接下来，你的问题变成：应该选择哪个问题？

选合适的问题去解决

克莱顿·克里斯坦森（Clayton Christensen）把选合适的问题去解决描述成帮助客户实现他们在某一特定时刻希望实现的愿望的机会。"（伟大的公司）非常需要瞄准的目标，"他在 2016 年为《哈佛商业评论》（*Harvard Business Review*）撰写的一篇文章中写道，"是客户在某种特定的情况下试图获得的进展——客户希望实现的，就是待办任务。"[19]

比如，数百万人买麦当劳奶昔。为什么？因为麦当劳发现他们的待办任务是陪伴孤独的司机去上班。"接近一半的奶昔是在清晨卖掉的。[20] 这是（客户）买的唯一的东西，他们总是独自一人，拿着它上车开走。"这就是麦当劳奶昔如此畅销的原因：司机们孤独的旅程。

现在，麦当劳的营销团队能够在办公室制造一个只能通过他们的食物才可能解决的问题。然后，他们花数亿美元做广告，让人们相信自己存在这个问题，而且能够"雇"一杯奶昔来解决问题。

克里斯坦森的"待办任务"理念很合理，但是麦当劳做事的顺序错了。他们并未从客户出发，而是从待办任务出发，然后砸很多钱让顾客相信他们需要完成这一任务。

极简主义创业者没有数百万美元，也不想为人们制造问题。相反，我们认为人们已经有足够多的问题，而我们的作用就是帮助他们解决一个。

这就是为什么说从社区开始至关重要。如果你试图创造适合所有人的东西，你最后很可能会创造一个没有人真正想要或者需要的东西。一旦你了解了想要帮助的人群，就能更容易地看到他们的问题。问题比生意多，你只需要找到它们。

还是很难？那请拿一支笔和一张纸，在左边写下你想帮助的人/社区，在中间写下他们如何利用自己的时间（买洋葱、某个周五晚上制作铅笔图标、绘画），在右侧写下每项活动存在的问题，如下图所示。

人员	兴趣爱好	问题
妻子		
妈妈		
画家	绘画	
我		

图中的空白就像一张空白画布，或者一张白纸，或者一个空白商业计划。你想要通过创业解决一个难题，但是没有任何可以解决的问题。

如果你觉得这比较难（很多人都是这样），一些经济学入门知识可能会对你有所帮助。人们购买产品或者服务时，通常会获得四种价值：地理位置价值、形式价值、时间价值和所有权价值。你能让哪些价值更容易理解？更快得到？更便宜地买到？或者让他人更容易获得？

- 地理位置价值：让不容易得到的东西变得容易得到；
- 形式价值：通过重新排列现有组成部分，让某物更有价值；
- 时间价值：让慢的东西变快；
- 所有权价值：移除中间商。

你不用像麦当劳一样为了解决问题而试图给人们制造问题。你只要试图发现自己所关心的人生活中的低效之处，就可以帮助他们。这四种价值看上去可能很抽象，让我们将其放在案例中来说明。

一家在厄瓜多尔种植咖啡豆并在旧金山出售的公司在改变咖啡豆的"地理位置"属性。你支付溢价购买的就

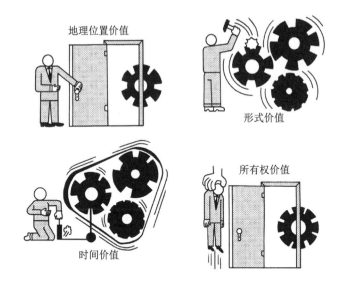

地理位置价值

形式价值

所有权价值

时间价值

是地理位置价值。

　　如果某个咖啡馆从批发商处购买了一批咖啡豆，然后把它们研磨成粉，它们的顾客就在为形式价值支付溢价。（理论上，如果咖啡店离顾客比批发商近，那顾客也在为地理位置价值支付溢价。当然，很多商业活动都包含多个价值要素。）

　　如果它们还卖给顾客需要三天时间才能做好的羊角面包，那顾客也在为时间价值支付溢价。

　　最后，如果顾客决定投资买一台做羊角面包的机器自己制作羊角面包，而不是一而再、再而三地掏钱买，那就是在获取所有权价值。

有一个提供时间价值的品牌，即 theCut，它是一款将理发师和顾客连接起来，让理发服务的搜寻、预订以及付款更快、更方便的软件。[21] 创始人欧比·欧迈尔（Obi Omile）和库什·帕特尔（Kush Patel）在花了数小时苦苦寻找自己喜欢和信任的理发师之后，产生了这个想法。而且，由于很多人使用非正式的预约流程，想预约到那些最好的理发师通常意味着要等上几个小时。theCut 为服务双方都提供了价值。客户节省时间，理发师找到新顾客（所有权价值），与当前顾客沟通用时更少（时间价值），移动收款（形式价值）。

欧迈尔和帕特尔创建了一门很棒的生意是因为他们了解困扰这个他们打算去服务的社区的问题。一旦选好了自己的社区，正确的解决方案也会变得清晰。

解决你自己的问题

每个人都会遇到各种问题，这些问题一天到晚"撞伤他们的脚趾"。可能你环顾四周，觉得自己的生活挺好，也许你周围的人也一样。或者问题显而易见，而且你已经知道自己想创建什么。

但是根据我的经验，大部分人在遭遇比最初预想的更困难或者更痛苦的情况的时候，都会错过这样的时机。他们的大脑很快就会适应，认定新的情况就是这样。大脑会认为，事情就应该这么难，或者这么难是有很充分的理由的，或者改变起来太麻烦。我觉得这样过我们的生活是不对的。生活每时每刻都在变得更好，你能够加快这个速度。

Basecamp 在苦于找不到与客户一起管理产品的合适的工具时，就遇到了他们的这种"撞伤脚趾"的情况。正如创始人杰森·弗莱德（Jason Fried）所说："我们去找这种工具，找到的都是些老掉牙的东西。对我们而言，项目管理的关键在于沟通。但那时似乎没有软件制造商赞同这个观点，所以我们决定开发自己的软件。"[22]

当推出产品的时候，他们已经是一个线上产品管理及网页设计社区里非常关键的用户，有一个颇有阅读量的博客和几十个用户。这对他们有什么帮助呢？

用杰森的话说："我们很早就决定，如果我们一年后能够每月产生5000美元左右的收入（或者年收益约6万美元），那发展就还不错。结果我们在大约6周内就达到了这个目标，所以方向肯定是对了。"[23] 当有了可以展示给社区的东西时，他们发现很多社区成员也都遇到过同样的障碍。

如果你有一个问题，其他人很可能也有。尼克·可可纳斯（Nick Kokonas）与很多厨师一样，他位于芝加哥的餐厅经常遇到顾客预订桌位后爽约，导致餐厅收益受损的情况。在解决这个问题时，他与别人一起创建了既能通过传统预约方式，也能通过售票方式来管理顾客订座需求的Tock。[24] 售票让就餐的人为保留的座位以及场地支付预付金，让餐厅根据预约时段的需求量生成"需求定价"。在2020年之前，Tock已存在于30个国家的200个城市，被成千上万的餐厅使用，包括世界上一些最好的餐厅。在新冠肺炎疫情期间，Tock系统进一步创新，推出"Tock to Go"，帮助客户从那些从未提供过外卖或者送餐服务的餐厅订餐和买单。[25]

这些品牌，以及许许多多其他企业都是将社区作为起点。毕竟，在为其他人解决问题的同时也为自己解决问题，你就能够一举多得。如果你创造了一款解决自己问题的产品，那你至少会拥有一个用户——这比大部分初创公司获得的都多。而且，你在一天中的任何时刻都可以跟那个用户交流！

创建对的解决方案

然而，大部分企业尽管是在解决一个真实存在的问题，也没能成功。这通常是因为它们在创建人们想要的东西时，没有用正确的极简主义思维以一种正确的方式创建。那么，在连 1 美元的风险资本都没有的情况下，创建什么样的企业才能与自己的技能和资源相匹配，符合自己的目标，而且市场上也可行？

此外，还有一个重要问题：如果你的企业取得了它能取得的最大成功，它能给这个世界带来怎样的积极影响？这个问题，而不是 IPO（首次公开募股）的诱惑，应该成为企业创始人以及所有员工的指明灯。

以下这些是我使用的标准。

- **我会喜欢它吗？** 创业耗时费力，会花上数年的时间。而且它越成功，你做得就越久。所以，找到你想要做的事和想要服务的人群很重要。要创立一个成功的企业，你需要创造人们喜欢的东西。要坚持做下去，你需要创造自己喜欢的东西。

- **它本身能赚钱吗？** 应该有一条清晰的路径，以一种显而易见的方式为有价值的东西向人们收取费用。如果讲得通，那就能赚钱。

- **它有内在增长机制吗？** 2020 年，Gumroad 的年收益仅凭借口口相传就几乎翻了一番。Gumroad 这种模式，如果不与他人分享就无法使用产品。结果，我们将销售和市场工作"外包"出去，因为我们的客户群为我们做了这些工作——在他们的客户使用我们的平台的时候。很多极简主义生意都是如此，尤其是当你创造了一款人们想要告诉其他人，而且可能他们最后也想要使用的伟大产品的时候。

- **我有合适的天赋和技能来创建这个企业吗？** 例如，企业需要大量的业务拓展，或者打很多推销电话才能启动起来，而你又特别害怕跟别人讲话，那这门生意很可能不适合你。世界上有很多生意等着创建——选择适合你的一个。

没有任何一本书能包含创建所有生意需要的所有知识，重要的是你为自己理清思路的过程。你需要正确的思维模式，知道要问自己哪些问题。你的生意是解决客户问题的工具，而不是一张彩票。这是创业的起点，也是创业的终点。

消除你的疑虑

最后，即使你已经有了让自己兴奋不已的点子，而且对创业也很有信心，在某个时刻，你还是会自我怀疑。让自己身边充满这样的同事和导师，他们不仅会告诉你真相，也会在事情变得艰难的时候鼓励你。毕竟，人们不仅需要建议，还需要提气鼓劲。能够激励他人也能够被他人激励的企业创始人和领袖并非天生的，而是被塑造出来的。只要有足够的耐心、引导和诚意，任何人都能成功。

不管你在哪里，都有发现极简主义生意的机会。这些机会会随着你的成长而增加（第六章会介绍更多）。如果我说才华根本不重要，那我就是在撒谎，但是从长远来看，能成就伟大创始人和伟大企业的是极大的毅力。最大限度地提高你成功率的方法之一是专注于较小的产品，专注于你是核心成员的社区，对于自己是否在有效地解决问题保持坦诚。之所以说出售东西给一个与你有关的社区时，谨慎和用心非常重要，原因就在于此。

在你产生疑虑的时候——你会产生疑虑——回到"你已经开始在做"这一事实。到现在，你应已经：（1）瞄准了与使命一致、需要解决的某个问题；（2）产生了不依赖他人投资就可以创业的可行想法，这个想法既能解决问题，也能持续经营并让你赚到钱。现在，你需要做的就是继续前进。

关键要点

- 是社区将你引向问题，问题将你引向产品，产品为你带来生意。

- 一旦你找到"社区－你"的最佳契合点，从开始贡献的时候，就要立志成为社区的支柱。

- 选择合适的问题去解决（很可能就是你遇到的问题），确认他人也面临这个问题。然后确认你也有"生意－你"的最佳契合点。

- 当产生疑虑的时候，一定要回到社区。他们会帮助你继续前行直到最后取得成功。

了解更多

- 查看凯文·凯利（Kevin Kelly）的博文《1000 个真正的粉丝》（*1,000 True Fans*）。
- 阅读贝利·理查德森（Bailey Richardson）、凯·埃尔默·索托（Kai Elmer Sotto）以及凯文·辛（Kevin Huynh）合著的《聚在一起》（*Get Together*）。
- 卡斯珀·特·库勒（Casper ter Kuile）与安吉·特斯顿（Angie Thurston）共同撰写的报告《我们是如何聚集的》（*How We Gather*）。
- 盖伊·拉兹（Guy Raz）在《创业》（*How I Built This*）节目上对 Calendly 创始人托普·阿瓦托纳的访谈。
- 关注安妮－劳伦·乐·坎夫（Anne-Laure Le Cunff）的推特账号（@anthilemoon）。安妮成功管理着一个由创造者、社区建造者、创作者等组成的社区。

第三章

越少越好

创造人们想要的**东西**。[1]

      ——YC 投资公司（Y Combinator）

创造**人们**想要的东西。

         ——萨希尔·拉文吉亚

  上一章讲述的主要是为值得为之解决问题的人找到值得解决的问题。在这一章，我会解释如何完善你的想法，以及如何弄清楚你现在要做的事和可以等到一切准备就绪再做的事。知识很重要，动力也很重要。你不会想要深陷于研究到底学习哪种编程语言的泥潭中，以至于从未开始设计你梦想中的软件。尤其在创业之初，极简主义创业者必须紧紧围绕真正关键的事情，而不是试图一下子什么都学、什么都做。

尽管人们经常会跟作家说"写你知道的东西"，但对创业者而言，这个过程并不那么简单。开始创业时，你会经常想象一些以前从来没有人做过的东西，比如一款产品、一种服务、一个商业模式。尽管如此，大多数成功的极简主义创业者即便在创业领域不是什么都懂，或者不知道如何开始创业，他们对所开创的生意的某一方面也拥有扎实的背景（或者浓厚的兴趣）。

　　对我而言，这就是设计好看、好用的软件。苹果的应用商店在2008年推出的时候，我是第一拨软件开发人员之一。这并不是因为我决心创业，而是因为我在追随自己的兴趣和好奇心。

　　很遗憾，在与想要创业的人交谈的过程中，我发现，这样的时刻，正是大部分人都认定创业不适合他们的时候。他们拥有热爱的东西，却让自我怀疑的声音悄悄溜了进来，使他们坚信自己不具备他们认为需要具备的硬技能，比如iOS编程或者金融建模。告诉你一个秘密，每一个创始人，即使是那些最成功的创始人，最开始也什么都不知道，都是从零开始学习的。创业的关键在于兴趣，而不是技能。与其关注你不知道的东西，不如关注你知道的东西。

　　你不需要团队、资金或者某个文凭来创业。你不需要去完成并交付产品或者写代码来让你的想法变成现实——刚开始是这样。你可能以后会需要，不过，当你拥有一款大家真正看重的产品时，这些事情都会以比你想的更容易、更便宜的途径实现。通常，它们会找到你。如果你真心实意地想要解决问题，你就能够克服道路上一个一个的障碍。如果你下定决心服务客户，你就可以去学你需要知道的那些东西，然后将剩下的部分外包出去。只需要想清楚自己的哪些技能、知识和背景与头脑中的生意相符，并最大化地去利用这些优势。不需要征得他人的同意，直接开始行动。

尽管公共学术和政治领域的两极分化越来越严重，Interintellect 的创始人兼首席执行官安娜·盖特（Anna Gát）仍决心建立让人们能够和平分享自己观点的平台。这种想法从英国决定"脱欧"到 2016 年美国大选之间在她的脑海里开始萌芽。当时，盖特感到一场巨大的文化变革正在发生，渴望参与到这场即将创造世界未来几年局面的运动中来。这是一个大胆的想法，但几年前，当她与他人联合创办了匈牙利最大的女权网站和事务社区，并因此荣获 *Glamour*（英国高端女性时尚周刊）"年度女性奖"的时候，她就已经完成了一个同样具有挑战性的任务。现在，她专注于创造调解空间，让持有不可调和的观点的人们共聚一堂。她的产品的第一个版本是让立场对立的学者进行对话和研究的平台，但在几个月之内，她发现与那个社区合作，进程要比自己预想的慢很多。她所创造的产品无法扩张。

　　她的产品的第二个版本——一款通过人工智能技术推动公共领域对话的即时通信软件——更具抱负。在两年的时间里，她为创建一个新的平台倾注了全部的精力、金钱和时间，夜以继日，倾其所有地支持开发和测试。很遗憾，随着产品离推出时间越来越近，很多曾表示会使用该软件的人并不像他们在初步调研中所表示的那样感兴趣了。

"我一心想要创建科技平台。"她说道，这整个过程耗费了如此多的金钱和时间，以至于她不愿意抛弃它。不过，与此同时，她也在组织供人们分享观点和思想的面对面沙龙。她不认为这些聚会是一种商业活动，但她知道自己无意中创建了一个之前一直在寻觅的活跃的学术社区——只是通过沙龙而不是软件。

她的整个职业生涯都在科技领域，所以她认为建立一家零科技的企业有违直觉。不过，她最后还是放弃了软件，根据她在沙龙社区感受到的能量和乐趣追寻了"更宏大"的理想。现在，Interintellect 正在可持续地发展中，也正在通过反映客户需求的低科技、系统化的解决方案实现她最初的梦想。

在本章后面的内容中，我们将更多地谈 Interintellect 这个企业，我理解为什么如此多的人在创建一门生意时都会从软件或者科技开始。我也很喜欢软件和科技，但是在创作的最初阶段，它们的限制性太大了。这使得赌注太高了，而且太死板、昂贵、压力大。这并不是说你不应该使用工程策略来启动创业，只是说你不需要直接跳到写代码或者编程来创建为你的极简主义生意提供动力的流程。

这个世界会告诉你，要么变强变大，要么收拾铺盖回家。但我说，开始时要小，而你能达到的最小程度就是什么也不创建。不要直接步入软件环节，而要坚持使用笔和纸。

从流程开始

每一个伟大的理想都是从小主意开始的。如果不能从小开始，如果不能一个接一个地帮助人们，那么围绕着你的想法去创业就会非常艰难。暂时忘掉你的小我，将你所担心的筹资以及软件方面的事情搁置一边，专注于你的第一批客户，用你的时间和专业技能去为真实的人们解决真正的问题。

现在，人们知道你，也信任你，甚至可能向你寻求专业建议，这就是开始以一种能够不断改进和迭代的系统化和可复制的方式帮助他们的时候。在你完成服务第一位顾客的周期的过程中，将过程的每一部分都记录下来，这样对每一位长期顾客，你都会有一本战术手册。这份文件将是你生意的真正 MVP。我所说的并不是我们都在试图创建和推出的最小化可行产品（minimum viable product），而是在它之前的有价值的人工流程（manual valuable process），它将是你试图创建的生意的基础。

系统创建这一有价值的人工流程，并记录为了完成它你所采取的步骤，将有助于你弄清楚哪些奏效、哪些不行。它也会帮助你发现你在创造的是不是人们真正需要或者会购买的东西。CD Baby（一个光盘销售网站）的创始人德里克·西弗斯（Derek Sivers）在他的《你想要的一切》（*Anything You Want*）这本书里写道："如果你想要提供电影推荐服务，从让朋友们打电话找你推荐电影开始。当你找到朋友们喜欢的电影时，他们要请你喝一杯。把你推荐的电影以及朋友们的反馈都记录下来，就从这里开始改进。"[2]

很遗憾，英文里没有词来形容这个过程，所以我发明了一个：

> processize（动词）
>
> 将……变成一个流程（流程化）：
>
> 他们在朋友身上测试了一番之后，将自己的推荐体系变成了一个流程。

它真的应该被编入字典，因为在以正确的方式创业的路上，它非常重要。可惜很多人都错过了这一步，导致踌躇不前，最终失败，因为他们在弄清楚到底要创建什么和怎么创建之前，就从问题直接跨到了产品。虽然流程化是一个花钱少、用时短的发现过程，但它相当重要。"产品的创造是一个发现的过程，而不仅仅是执行的过程。科技就是应用科学。"[3] 纳瓦尔·拉维坎特说道。

不经历流程化，你可能会因为客户告诉过你他们想要什么，甚至是他们愿意为什么样的产品付钱而认为自己知道客户真正想要什么。但是就像安娜·盖特能告诉我们的那样，只靠嘴巴说没用。在你解决客户的问题，并（最终）收到付款，完成整个流程之前，你不会知道客户想要并且愿意为之付钱的东西是什么。在能够扩大规模之前，你需要将一个顾客的问题解决得相当好，即使不算完美。如果方案有效果，很棒；如果不行，你可能会意识到，你想要扩张，但你的顾客却毫不在乎。如果是这种情况，你可能需要考虑另辟蹊径。

Endcrawl.com 就是一个以流程为基础建立起来的极简主义企业。在 8 年的时间里，创始人约翰·"普利尼"·切雷米克（John "Pliny" Eremic）经营着一家电影后期制作公司，目睹了电影制作方在制作片尾字幕时经历的痛苦挣扎。片尾字幕会列出电影中出现的或者为电影制作做出贡献的所有人物、地点和组织机构。他和他的联合创始人艾伦·格罗（Alan Grow）知道肯定有更好的方法，当时显而易见的一个解决办法是，利用某种软件来管理使这个过程如此痛苦的无穷无尽的变动和更新。但是，他们并没有从那里入手，而是建立了一份 Google 表格和一份简单的 Perl 脚本来创建片尾字幕，以了解客户需求，并验证他们的某些核心假设。[4] 他们最初的流程看上去像这样[5]：

- 给客户一份根据他们的具体要求导入了片尾字幕的 Google 表格。
- 客户可以随意编辑这份 Google 表格，无论何时也无论修改多少。
- 一旦客户想要一份新的"渲染"或者视频输出的演职员表，他们就通过邮件来发送请求。
- 约翰或者艾伦将客户的 Google 表格手动导出成 CSV 文件。
- 两人手动通过 Perl 脚本运行 CSV 文件。
- 两人手动将文件上传到 Dropbox（多宝箱）。
- 两人通过邮件将下载链接手动发送给客户。

对于习惯了等待 24 个小时的电影制作方来说，这个即使是手动操作也仅仅用 15 分钟就能完成的流程让他们大跌眼镜。此外，这个过程还让客户能够控制自己的数据，在费用固定的情况下进行无限次修改直到字幕效果恰到好处。对于客户，生活变好了一点；对于普利尼和艾伦，这是一个发现的机会。

最后创建

在帮助了最初几个客户之后，你可能还是不能完全确定如何为社区解决你所选定的问题，但是开始行动和进行尝试最简单的方式之一就是成为自由职业者。[6]出卖时间虽然远不像其他类型的业务一样可以实现规模化，但能更快地产生正现金流，让你有喘息的余地去思考下一步的计划。

根据我的经验，最好的极简主义企业，很多都是从自由职业或者业余项目起步，然后才发展成具有长期发展潜力的可行企业的。当你在思考到底要创建什么时，有几种路径能让你以最快、最高效的方式创建一门能赚钱且可以持续经营的生意。

- **通过数字内容（视频、电子书、播客、课程）出售你的知识。**领英 2015 年收购的 Lynda.com 是从一本书以及琳达·维恩曼（Lynda Weinman）主导的系列线下工作坊发展而来的。在 2001 年互联网泡沫破裂的时候,琳达和她的丈夫布鲁斯·希文(Bruce Heavin)为他们制作的网页设计线上教学视频提供了订阅服务。那个时候这是一种比较新的思路。最开始这个生意看上去似乎难以为继,但随着 Lynda.com 的订阅数从仅仅几百增长到几十万,他们的行业影响力也大大增加。[7]

- **销售实物产品(商品或者有特色的系列产品)。** Noxgear(一家运动设计公司)为跑步和骑行的人制造亮光可视背心。[8]联合创始人汤姆·沃尔特斯(Tom Walters)和西门·科伦(Simon Curran)初次产生这个想法,是为了他们的夜间终极飞盘赛,二人的想法拼凑出了最后成为 Tracer360 产品的一个发光背心。在研究了市场上存在的为晨跑和夜跑运动员提供的相关产品之后,他们看到了商机,设计了产品原型,在 Kickstarter 上卖出了第一批 500 件背心。从那以后,他们又新增了 Lighthound 产品——为狗狗设计的亮光背带。

- **将用户连接起来,收取固定费用或按比例收费。** 克雷格·纽马克(Craig Newmark)创建的 Craigslist(免费分类广告网站)最初是一份朋友之间使用的电子邮件列表，重点介绍了旧金山湾区值得关注的当地活动。如今，他们在不到 100 个员工的情况下，每年创造超过 10 亿美元的收入。尽管 Craigslist 是一个连接人与人的典型案例，还有很多方式可以做到这一点。各类招聘网站，比如 People First Jobs（我们在第七章的文化与招聘相关内容中会谈到这个平台）为公司和求职者牵线搭桥，通常收取固定费用。此外，还有像 Product Manager HQ 这样的将志趣相投的人联系在一起的社区。

- **软件即服务（SaaS）。** 贾斯汀·米歇尔（Justin Mitchell）和他在 Yac 的团队在 2018 年产生了创造一款能够优化远程办公、尽可能减少干扰的软件的想法。[9] 他们发现远程办公的人总是在应付各种 Zoom 会议以及 Slack 的干扰。因为看到了这一利基市场，他们在 4 天内设计了软件，这个软件成了 Product Hunt（一个发现、分享新产品的网站）的"产品创造者节"（Maker's Festival）上使用的异步语音通信软件的原始版本。尽管 Yac 的平台、集成以及功能自那以后已经发展变化，但这一切都始于消除干扰这一小小的想法。

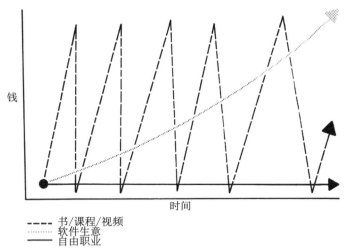

钱

时间

- - - - 书/课程/视频
········· 软件生意
───── 自由职业

程序员自雇创收的形式

上一章，我们谈到了四种不同的经济价值：地理位置价值、形式价值、时间价值和所有权价值。要找到你的产品，你可能要将上述四种路径与这几种经济价值结合起来，只有这样才能发现最能解决你试图为客户解决的那个问题的业务类型。例如，你可以用在线小组网课（数字内容）帮助人们学习一门新技能，为他们节省时间（时间价值）。你也可以创建一款软件（形式价值），让需要手动、人工操作的流程实现自动化（SaaS）。

随着时间的推移，你的企业可能会提供两种或更多种这样的产品和服务，但是在开始的时候，你应该选择一个钻研、起步。总体来说，它应该是为了让你今天——而不是明天——开始行动的那一个。

记住，最开始（或其他任何时候）你并不需要完全知道自己在做什么，对于自己在创造什么样的产品，很多人在一开始的时候是错的。事实上，在创造你自以为应该创造的产品时，你可能会发现自己实际应该创造的那类产品。Tailwind UI 的亚当·沃森说："想要找到一个好的 SaaS 点子？创业吧，任何领域都行。你很快会意识到，现有的每一个工具有多么糟糕，还不得不掏钱购买来经营自己的生意。而且很快，你会觉得自己必须创建的工具会多到让你无法承受。"[10]

如果你开始时并没有成功，那么只要退回去，重置，再开始。你所做的或者学到的一切都不会浪费。一门生意需要数年的时间才能完全发展到能够持续经营、不断扩大的状态，而且由于你在按照这个生意的期望发展，你有时间进行调整，学习成功的每一步所需要的技能。之所以能够这样，是因为你不是在以风险投资家马克·安德森（Marc Andreessen）所称的"三分钟之内做一个蛋糕"的"独角兽"方式做这件事。你在用慢炖锅小火煮汤，所有的情况尽收眼底。

此外，你如果不慌不忙，就会有时间与客户交流，有时间去迭代，有时间去验证你的假设。

验证你的假设

商业假设就像你在五年级的科学课上学到的假设一样。它是对一个目前还没有解决方案的问题提供的建议方案，必须具有可检测性（能够反复、独立地检验）和可证伪性（能够被证明错误）。

> 例如：我的客户会支付一笔固定费用以及少量溢价，以便快速、高效地生成片尾字幕，而且需要渲染多少次就可以渲染多少次。

每一门生意都是从在真实客户身上检验一种假设开始的。如果你只有一个客户，你可以把你的初创企业当作提供高规格、高礼遇的贵宾服务的机构。这种服务可以是给客户打一个电话，或者在当地的咖啡馆跟客户面对面沟通，来帮助他们解决问题。

这样安排的目的，是验证这一假设。它需要时间，在自己错了的时候也需要真诚反思才能有更深刻的认识。但与花了五年时间并投入了部分个人资金去将自己的想法转变为一个注定不存在的生意，之后才发现自己错了的情况相比，在赌注还不是很大的现在发现错了会更好。

你在检验一种假设的时候，不要问具有导向性的问题——将人们引导向你想听到的答案的问题。相反，要想着去建立作家兼科技创业者罗伯·菲茨帕特里克（Rob Fitzpatrick）《妈咪测试》（*The Mom Test*）中写到的一种反馈循环。当问一些该测试所推荐的问题，那种你妈妈都无法对你撒谎的问题时[①]，你就会得到真实答案，因为没有人会知道你有一个创业的新点子，也不会知道你正在测试这个点子是否可行。比如，你不应该问：

你愿意花钱买我这个产品吗？

而要问：

为什么你一直没能解决这个问题？

很多生意都无法用这种方式验证，但那不是我们想要创建的生意。我们的目标是创建可以小规模验证，之后随着时间的推移能够逐渐扩大规模的生意。

---

① 按照罗伯在《妈咪测试》中提出的方式提问，可以避免妈妈为了不伤害你的自尊而说善意的谎言，从而得到有用的信息。——编者注

这种方式的另一个好处在于，你可以收费。如果你在真心诚意地帮助别人，那么你不需要等到有一个产品可以卖之后再赚钱。你可以像普利尼和艾伦一样在有一个严格意义上的"产品"之前因为你付出的时间而获取报酬。

在他们的案例中，他们所创建的流程验证了他们的假设，即影视制作方愿意为解决片尾字幕制作过程中遇到的问题而付费。你的第一个点子可能进展得不顺利，这完全没关系——大部分的试验都会错。你处于最前沿，在试图创造某个还不存在的事物时，在弄明白客户想要什么的过程中，你会错很多次。但只要你通过流程化的过程朝着对的方向不断努力，对一次就够了。

当真的成功了的时候，你将会有一份规划了完美流程的文件，因为在带领着别人解决他们的问题时，你已经完善了实现目的所采取的步骤。这个流程会将未来客户从"无"带至"有"。这是你可以分享（也许发表）的东西。你还没有赚到钱，可能还没有拥有一门生意，但你提供了YC 投资公司创始人保罗·格雷厄姆（Paul Graham）所说的"价值量子"：至少有一些用户听到它会很高兴，因为他们现在能够做那些之前不能做的事了。[11]

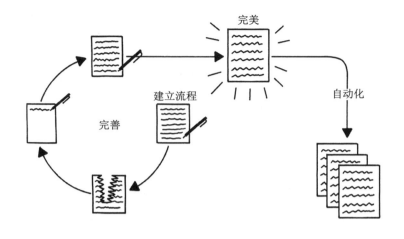

完美

建立流程

完善

自动化

把一件事做好

在开始调研、写代码或者进行品牌建设之前,我为自己以及我的社区创作者选择了一个要解决的问题:向受众出售数字文件。这其中的基本假设很简单,即人们在互联网上开启他们的事业,其中有些人通过社交媒体(而非网站、博客)取得了巨大成功。但最后当他们需要一个平台把自己制作的东西卖出去时,仍然需要有可以发送给用户的地址,以及一种精简的方式来交付电子文件和收款。

就像任何一款好产品一样,Gumroad 在刚开始时真的只做了一件事。Gumroad 最初的网站上是这么写的:

1. 提供一个有价值的文件或者链接。 从一个链接到一款独家制作的软件，从一篇秘密博文到你花数小时设计的一个图标，都可以。

2. 分享它。 就跟以前的链接一样。选择你的价格。你不需要创建一个店面，也不需要进行任何管理。

3. 赚钱。 就这样。每个月底，我们会将你赚的钱存入你的 PayPal 账户。

如果你觉得创建一个这样的软件极度复杂，可能知道这一点会对你很有帮助，即互联网的大部分软件都由两部分组成——表单和列表。比如推特，它有一个你用于发推文的表单（通过单次输入）和一个你从你所关注的人那里看到的推文列表。

这样的软件都被称为 CRUD 软件，因为它们有四种可以执行的操作：创建（create）、读取（read）、更新（update）以及删除（delete）。推特甚至不允许用户编辑推文！

Gumroad 就属于这种模式。我首先让一个创作者创建、编辑、删除产品，允许顾客查看它们（"读取"它们）。Stripe 让收款更容易，PayPal 让付款更容易（尽管最初是手动操作）。

Gumroad 当时还没有文件上传功能（你需要在客户购

买后指定一个目标网址，比如油管），甚至都没有自动付款或者自动计算费用的功能，都是手动操作。

整个软件是一份包含了 2700 行大部分是复制粘贴的代码的 Python 文件，存储在 Google 云端。（之后我已经将代码开源，链接见本章结尾。）但是它成功了！它解决了问题，所以我就推出了。当然，它还没有为大众"做好准备"。但是 10 年后，Gumroad 仍然感觉没有准备好，我认为它今后也不会。

等等，没有付款功能？是的！我收集了每个人的 PayPal 信息。在每个月的月底，我会制作一份列出每个人邮件地址和他们账户余额的表单，然后一个一个地给他们付款。最后，我开始将流程一点一点地自动化。我写了一些代码来下载列表，而没有从数据库一行一行地复制粘贴。后来，我编写了一份指令，利用 PayPal 的 API（应用程序接口）发送付款。

Gumroad 还是存在一些问题。比如，不管是在 8 月 1 日还是 8 月 30 日卖出的单，都会在 8 月 31 日收到付款。也就是说，不良商家可以在月底清算时间截止前的几分钟卖出好多单，从而规避我们审核并截断交易的环节。从那以后，我们增加了 7 天缓冲期——尽管在一两年的时间里，我们并没有因为这个疏漏而出现大的问题。

随着时间的推移，我们把所有的环节都自动化了，在我需要一个人运营 Gumroad 的时候，一切都变得不一样了。但我们并不是从这里开始的！首先，我"雇"自己做这件事，之后围绕它创建了一个流程。然后，我们把它的某些部分转化成一个产品。现在，它已经完全自动化了。

我应该创建什么？

直到今天，"流程化"仍然是我们在 Gumroad 反复使用的概念。我把做的每一件事都列在一张纸上，公司每个人都可以查看。在我度假时，其他人能够接手我的工作。即使我不管了，公司也不会倒闭。一旦有了这张神奇的纸，你就能够将自己的流程转化成一种产品。我们不需要为它创造一个新词，因为它已经存在：产品化。

产品化其实就是将一个流程发展成可以出售的东西。在流程化的阶段，你在帮助每一个客户的过程中，为自己创建了一个有价值的人工流程，建立了一个高效的体系。这样，你就准备好产品化了，也就是说，你将每一个任务自动化，以便人们在你不参与的情况下可以注册、使用并付款购买你的产品。

如果说流程化是将一个人工流程扩大运用范围的方式，那么产品化就是全部实现自动化的方式。就像你们当地社区的实体商店需要完成一些关键工作才能开店经营一样，你需要为你的极简主义生意做相同的事。你如果需要往回退几步，别担心，因为这也是流程的一部分。

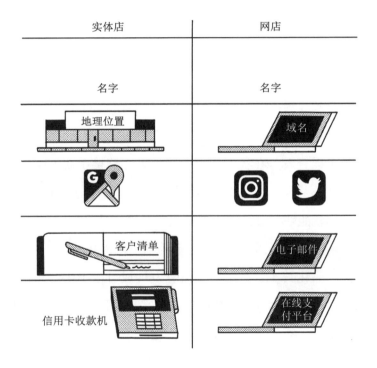

- **为产品起名。**在你向任何人介绍你的产品之前，它需要有一个名字。我喜欢由两个单词组成的名

字，因为我发现它们比新创造的词更容易记，而且更有利于口头传播，因为人人都知道如何拼写。这个方法也被称为"广播测试"：如果有人在广播上听到你产品的名字，他们能用谷歌搜到它吗？ Gumroad、Dropbox 和 Facebook（脸书）都遵循这个模式。不过坦诚地说，产品的名字并不是很重要。相信 Gumroad 创始人说的话：如果你的产品是成功的，产品名字听上去也会顺耳。

- **创建网站和邮件地址。**与实体商店对应的就是网址。要建立产品的网站，你需要购买一个域名，它会花费你 10 美元左右（每年续费）。将它与类似于 Carrd（轻量化无代码建站工具）、Gumroad、Wix（一组编程的工具与规范）或者其他创建网站的平台连接，这大概会花 10 美元/月。使用该域名为自己创建一个邮件地址（比如 sahil@gumroad.com）和一个密码管理器。

- **创建社交媒体账户。**你需要两套账户，一套为你自己所用，一套为公司所用（在营销这一章你会知道原因）。

- **让客户付款更容易。**在 Square（美国支付平台）或者 Stripe 上创建一个账户。这些都是帮助你接收线上线下信用卡付款的支付处理商。它们可以免费注册，每笔交易会花上 2.9%+30 美分的费用。（你可能想要成立一个有限责任公司，但我通常会等到有几个客户之后再去做。）

做到了这些，你的生意就可以接待第一个客户了。如果有人问你在忙什么，你就可以给他们一个网址查看。一开始，你应该用它来解释你的产品是做什么的，给那些可能对这种产品感兴趣的人发一封邮件，哪怕那个时候还没有一款产品。你可以而且应该始终学习并与潜在客户互动。

一旦这些工作都做到位了，你就可以开始创建生意了。但到底创建什么？越少越好。我们在下一章会谈推出产品，但这一章主要谈创建。这意味着你需要开始交付，而交付意味着你几乎什么也不需要做就能开始，因为你要做的是尽快开始为你的社区 / 客户提供价值。他们可不想等！

克制带来创意

如果你是一个极简主义创业者，那么早期阶段关键在于克制。现在如果你已经在进行产品化，你就必须在更多方面克制。除了让你的产品（最开始）只解决用户的一个问题，还有一些方法可以抵制想要让产品变得万能或者变得完美的诱惑。

每次想要再创造新东西的时候，我都会问自己四个问题。

1. 我能利用一个周末的时间完成并交付吗？（大部分方案的初版都能够而且应该在两到三天内完成原型设计。）

2. 它能让我客户的生活改善一点吗？

3. 有没有客户愿意为此付费给我？（生意从第一天就开始盈利非常重要，所以创建有足够的价值让人们愿意为之付费的产品是关键。）

4. 我能快速得到反馈吗？（确保你所设计的产品的目标用户能让你了解产品做得好不好。你越快得到反馈，就会越快地创造真正有价值、值得花钱购买的东西。）

请留意，在产品外观有多好，或者代码写得有多好这些问题上不需要太苛刻。做的事越少越好还有一个原因：

要坦诚看待你的产品实际上多有用。一个漂亮或者背后有很棒的营销方案的产品可能会让人觉得比真实效果更有用。但是，如果你的产品非常简单，而且还有用，人们忽略了它不够精美的一面在使用它，那么你就会知道，你的产品做对了。

关于这一点，Craigslist 就是一个经典的例子。这个网站的界面从来都不美观，但是一直都很好用，以至于是否美观已经不重要了。而且，它是如此有用，以至于那个模式催生出了无数个新的生意。你的目标是要创造一个"足够好"的东西，好到可以展示给人看，好到他们愿意为之花钱。这样的东西总是比你想象的要少得多。

瑞安·胡佛（Ryan Hoover）推出 Product Hunt（一个让产品发烧友分享、探讨最新移动软件、网站、硬件项目及科技创新的网站）的时候，使用的是一份邮件列表和 Linkydink（一款创建协作性每日电子邮件摘要的工具）。它的创建过程非常快。胡佛说："在感恩节休假期间，我们设计并创建了 Product Hunt……几（5）天后，我们就有了一个非常简约但是功能完备的产品。我们用邮件给我们的支持者发了 Product Hunt 的链接，通知他们不要公开分享。能参加这样一个他们自己也考虑过的产品的设计过程，边玩边间接地帮着创建这个产品，他们自己也异常兴奋。那天我们获得了第一批 30 个用户。在那一周结束的时候我们有了 100 个用户，感觉可以与这个世界分享 Product Hunt 了。"[12]

Product Hunt 从一开始势头就非常强劲，这让胡佛意识到这是一个值得继续努力发展的项目。他白天为游戏开发程序员设计各种工具，这份工作为他进行试验提供了时间和空间（请参考"自由职业"这部分内容），而且他非常清楚自己想要 Product Hunt 成为一款什么样的产品。他知道自己根本无须"重新发明轮子"[①]，而可以利用一种与 Reddit 模式相似的东西。但因为他不是工程师，所以他还是会想："我怎么创建它？谁来开发它？"最后，他没有被这些问题困住，而是决定用"newsletter"（定期发布的电子期刊）这一超快速、无代码的方式来启动这个项目，并围绕他的想法建立一些信心。

胡佛和我一样，认为创业者不应该从代码开始。"先做那些做起来很烦但是人们喜欢的事"，他说道。随着各类新产品（也许包括你正在做的产品）建造越来越多的基础设施，不通过代码就去创造一款 MVP 会越来越快捷、容易，成本也会越来越低。这意味着你不应该等到明天再

---

① 重新发明轮子，英文为 reinvent the wheel，轮子是早就存在的，不用再去发明，这个短语通常用于表示用全新的方式去做一些本来不必要做的事情。——译者注

开始行动。进入市场的门槛越低，你面临的竞争也会越激烈。

　　今后的趋势很简单：平民化。今天一个软件工程师能做的一切，明天每个人都能做。这也意味着你需要知道的会更少，但能做的会更多。即使你的服务是手动提供，或者你的产品以实物形式存在，你也能够利用软件尽可能高效地提供服务。每一门生意在某个层面上都是技术在驱动，即使最终产品并非如此。

　　例如，你如果在创建一门软件生意，可以访问 Makerpad.co 这个网站，学习如何连接 Gumroad 和 Carrd 以在不编写任何代码的情况下接受你网站的订单。而且当你准备好将你的手动处理订单的流程自动化时，它会教你如何加入 Airtable（云协作服务平台）、Google 表格和 Mailchimp（邮件猩猩，一个免费的电子邮件发送工具）。还有像 Notion（笔记软件）这样的产品，我们用它管理整个公司，像 Zapier 这样的服务让你自动连接你所使用的所有软件。说真的，去了解一下 Makerpad，你会惊讶于在不写一行代码的情况下你能创建多少东西。

　　这些工具与你在帮助人们时将工作流程化的过程相似，它们会对你的产品的内在功能进行流程化和之后的产品化。

也许最重要的是，它们会为你省钱。如果你在创建一款软件产品，在不用雇用第一个工程师的情况下你走得越远，获得盈利能力的可能性就越大。而且，你走得越远，你雇到的员工就越好。（而且通常情况下，这些人会主动来找你！）

早早交付，经常交付

创建生意是在快速的反馈循环和迭代中汲取经验的过程。想象一下，这就像你在一艘寻找宝藏的船上，开始时你一年里只能让雷达"哔"一次，然后一个月一次，再然后每天一次。船就是你的生意，宝藏就是产品和市场的最佳契合点。

你会错很多次。你的目标就是尽快减少错误。这也是产品早早交付、经常交付很重要的原因。例如，Gumroad 在 10 年里从未交付过版本 2.0。相反，随着时间的推移，我们进行了数万次（不虚指）大大小小的改进。每一次，我们都会使一些客户从"我可能以后想要这个"跨越到"我现在就需要这个"的状态。

你的目标是不再直接用时间去换取金钱。这一点非常重要，因为你的时间要远比金钱宝贵得多，所以你应该总是欢迎这种交易。慢慢地，你能够提高"兑换率"，但你应该始终清楚换取的是什么。

例如，如果你以每小时 10 美元的价格帮助别人，那么你可以设定一个目标，将价格提高到每小时 20 美元。你可以通过创建软件工具将做事效率翻倍，也可以扩大用户对你的服务的需求，以便能收取更高的费用。最终，你将能够一小时赚几千美元，但一开始你仍然需要尽可能快地学习和迭代。毕竟，不仅你为业务创建的各种流程很重要，你为自己创建的流程也很重要。

虽然将 SaaS 业务产品化看上去很容易，但产品化不仅仅是编码和软件。这在任何极简主义生意上都适用，包括 Interintellect。因为安娜·盖特很早就基于四大支柱完成了流程化的过程，Interintellect 有了一个可预测、可复制的模式：创建一个中立的空间，让参与者有同等的发言时间，主张娱乐性和轻松有趣，营造一种透明、耐心、跨学科沟通的氛围。这些沙龙根据话题、时区以及主办人来组织并跟踪记录。他们有一个紧密的反馈循环帮助公司找出社区论坛的热门话题，并根据客户的喜好来安排活动。

盖特说："只有在实践了一千次之后你才能发现一件有意思的事，那就是自己到底在创造什么产品。最初我坚信自己做的是活动策划，但事实上我是在创造活动主办方。"正因为如此，盖特推出了一个新的平台，让沙龙主办人员能够创办、安排他们自己的沙龙活动，并根据社区所须遵守的极其严格的规范条例审批、招募以及培训新人。

随着 Interintellect 公司扩大经营，盖特希望进一步提高公司流程的自动化水平。这样，他们就能每天在全球主持 60 场活动。虽然盖特用各种仪规将人们聚会的方式系统化，让他们能在轻松的学术空间里学习、分享和互动，但对她而言，娱乐仍然是 Interintellect 沙龙的终极目标。哪怕你的生意最开始看上去并不适合流程化和产品化，Interintellect 这个例子说明这种方法几乎能应用于任何情况。

为启动创造条件

在上一章结尾部分，我谈到了消除自我怀疑的问题。如果你跟外面 99% 的创始人一样，自我怀疑还是会伴随你创业的每一步——尤其是把产品带给自己了解和尊重的社区的时候。虽然将产品卖给陌生人效率不高，但人们仍然会想尽一切办法避免告诉他们的社区自己在忙什么的尴尬。但事实上从社区开始至关重要。

这种自我怀疑的心态永远存在。即使你征服了社区，你也会对产品产生怀疑。当创建并交付了产品后，你会对销量有怀疑。哪怕你做完了这本书里提到的每一件事，你还会怀疑自己是否有足够的资格把经历全部写下来。

开始行动，坚持下去。你的失败会褪色，而你大大小小的成功会留下来并不断积累。你曾经不相信自己会走这么远，但数据证明你做到了。只要你需要，尽可能多地提醒自己：我当然可以。

这一章我们从动力开始谈起，让我们用信心这个话题结束：随着创建了第一个要出售给客户的解决方案，你也将获得信心，认识到自己这条路走对了，并准备迈出下一步。

如果你足够幸运，可能你几乎不创建任何东西也可以。如果你为真实人群解决了一个真正的痛点，他们不会误认为这对你而言轻而易举，而是会感谢你。有些人甚至会主动提出付费。这是让人激动的地方：你在互联网上赚到了第一笔钱，实现了从 0 到 1 的伟大跨越。你开始了。

关键要点

- 在创建一个最小化可行产品之前，先完善有价值的人工流程。

- 你与客户之间的反馈循环越快，就能越早找到一个他们愿意付费的解决方案。最快的反馈循环存在于你与自己之间。

- 在创建任何东西之前，先看看你能从为之收费中得到什么。即使到了后面，也只去创建那些你需要创建的东西，剩下的都外包出去。

- 我将"产品－市场的最佳契合点"定义为"拥有自己会主动注册、使用你产品的回头客，这样你就可以开始专注于外拓销售了"。

了解更多

- Basecamp 公司推出的关于设计网页 App 的免费"书"——《变得真实》（*Getting Real*），查阅网址：https://basecamp.com/books/getting-real。

- 罗伯·菲茨帕特里克的《妈咪测试》，介绍如何听客户说话，如何跟他们交流。

- 我最近发布在网上的 Gumroad 源代码，网址：https://github.com/gumroad/gumroad-v1。
- 罗西·谢里（Rosie Sherry）创建的论坛（@rosie.land），为社区创建者提供了很多资源。
- 关注丹尼尔·瓦萨洛（Daniel Vassallo）的推特账号（@dvassallo）。他在 Gumroad 平台谋生，之后加入我们，成为 Gumroad 的季度产品负责人。

第四章

瞄准你的前
100 个客户

它就这么一炮走红，一个真正的病毒式成功。

——没有人，从来没有

在创建了一款产品之后，很多人认为下一步就该"昭告天下"了。好莱坞有首映礼，硅谷有"展示日"，Product Hunt（一个供用户分享和发现新产品的网站）和"Show HN"栏目会推介新品。

痴迷发布新产品并非好莱坞和硅谷独有的现象。这种现象遍布世界各地的大街小巷。你家附近很可能就有一家餐厅，入口处挂着一块巨大的红色招牌，上面写着"盛大开业"。

有人邀请你进去，承诺你是他们第一批客人中的一个，可能你还能享受特价。但是明天，甚至一个月之后，招牌还在那儿——他们一直都是正在开业，而且还很盛大！

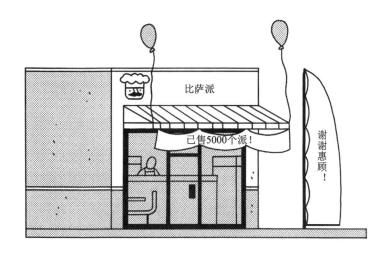

很多企业都这么做。之前有传言称，梦工厂联合创始人和前首席执行官杰弗瑞·卡森伯格（Jeffrey Katzenberg）与 eBay（亿贝）前首席执行官梅格·惠特曼（Meg Whitman）创建的流媒体视频服务平台 Quibi 在真正进入市场之前就推出了预告。该公司筹集了 18 亿美元的资金，买下了超级碗（美国职业橄榄球大联盟年度冠军赛）的广告，希望全世界的人都蜂拥而至，使用他们的服务。它还计划举办一场发布会，打算吸引 1500 名贵宾中的 150 位明星前来参加。因为新冠肺炎疫情的原因，这个活动被取消了。

最后，这个软件失败得一塌糊涂。第一天只有 30 万人下载了 Quibi，而相比之下 Disney+（迪士尼的线上流媒体视频点播平台）有 400 万人下载。在推出一个月之后，

Quibi 就跌出前 100 名。不到六个月的时间，它就破产倒闭，退还了投资人的钱。

这种经历对软件公司而言并不算特别。两位心血来潮的联合创始人开发了一款软件，发布到 Product Hunt 论坛，并在第一天就看到几千人注册。几个月之后，没有人再使用它，他们接着开始做一个新项目。就这么循环往复。但是，生意不是你只参与一次的东西，或者你跟朋友的谈资，不应该随着你开始下一个项目就被忘在脑后。你的产品应该永远拥有客户，而不是只在一个周五之夜。

这是因为真实的创业故事以及创业之后的发展过程，大部分时候真的没有那么刺激。从开始到成功之间，是一条漫长而艰辛的道路。这可能需要花上多年时间，而且跟你预想的光鲜亮丽的样子相去甚远。但是你会拥有很多小的胜利，而且随着时间的推移，它们会形成一种来自不放弃的满足感和自豪感。

上一章我们关注了流程和产品。但是，一旦有了 MVP，你就该将注意力转向你的第一批客户。如果你花费的时间太长，无休止地迭代，而不去把你的作品呈现给这个世界，那么即使你在慢慢（或者迅速）偏离跑道，你也可能觉得自己有成效。

这就是为什么说开始行动非常重要。一旦有了足够的回头客，你就到达了产品－市场最佳契合点，这是一个值得庆祝的里程碑，也是可以开始考虑推出产品的标志。在此之前，别去考虑一次性的盛大开幕式，而要重点关注稳扎稳打地将产品卖给你的前100个客户。

销售，不是纸上谈兵

我为写这本书采访了很多人。你可能想象不到，让一个人开口谈销售有多难。没有人喜欢销售带来的刻板印象——不道德，依赖于信息的不对称。但这不是我们在这里所做的。你已经与社区建立了联系，在销售一款产品，它为客户的生活增加了价值，他们乐意为之付钱。

最终，陌生人会购买你的产品，但主要是因为你的客户在传播你的生意和产品的口碑，而不是因为他们看到了广告。不过，到这一步需要时间，并不是第一天就会发生的。

检视一下你自己的生活：上一次在推特或脸书上为一款你喜爱的产品高呼是什么时候？这样的情况其实并不多。

"病毒式的成功"是一个神话，就这么简单。不存在这样的事。它只是记者们用来描述一个人、一家公司、一种产品或者一项服务时所用的语言，他／它们看上去迅速崛起，从外部看无法予以解释。我们中的大部分人——包括记者——只有在新事物达到"逃逸速度"[①]的时候才会注意到它们。我们通常意识不到此前数月甚至数年的辛苦付出和摸爬滚打。

在本章结尾，我们将介绍有关推出产品的内容，推出产品是因为你在庆祝里程碑，它们其实昭示的是你生意的长久性和可持续性。你会赚到钱，会有购买你产品的客户，而且他们会告诉其他客户。然后，你就可以发布了——或者更准确地说，你可以通过感谢那些助你实现从无到有的社区及客户来庆祝一番。

在此之前，把销售过程当作发现问题的机会。你觉得你的产品可以推向市场了，可能并非如此。你觉得你已经想清楚正确的定价层次了，可能也还没有。

从每一次跟客户交流失败的经历中吸取教训。要么是你的交流对象找错了，需要转移关注点，要么是交流对象没有错，但是你的产品还需要再改进才能解决他们的问题。两种情况都是值得学习的经历，是你在开始向更广泛的受众营销之前需要获得的知识。

目前，销售是一个学习的过程。你的客户会慢慢地了解

---

① 逃逸速度，英文为 escape velocity，指人造天体无动力脱离地球引力所需要的最小速度，这里指新事物进入人们视野后的发展速度。——译者注

你，你会慢慢发现哪些可行、哪些不行，以及怎么去解决。销售一开始可能并不总是顺利的，但我保证等待不会让它变得更容易。一旦你想清楚了如何开始，下一个挑战就是定价。

要收费，多少都行

定价不是件容易的事。最开始，你可能想免费提供你的产品，或者以低于你时间成本或原材料成本的价格来收费。不要这样！要生存下来，你需要赚到钱。而要做到这一点，唯一的方式是不仅要收费，还要收取让自己能活下去的费用。你如果已经完成了产品化，就应该已经为你的第一批客户想清楚了初步的定价结构。而且定价就像生意的其他部分一样，都可以迭代。你拥有的客户类型最后会影响你收费的方式以及金额，但是在开始阶段，在你创建你的解决方案时，记住你能够通过两种方式收费。

- **以成本为基础**（适用于本身有成本支出的东西——比如网络服务器、员工的工时）。如果你需要支付一定的费用，你可以加上一部分"利润"，比如成本的 20%，然后照此收费。例如，零售商通常批发拿货，在他们卖给消费者时，价格会翻倍（给他们

50% 的利润率）。iTunes 或者 iStockPhoto（加拿大精品图库下载站）这样的市场通常使用这种方式。

- **以价值为基础**（适用于具有明显价值的产品）。这种收费不是因为产品的交付需要花钱，而是因为产品的内在对于客户有价值。比如，网飞有一个多屏功能，他们不需要为此花钱（除了该功能最初上线的设计成本），但他们能以此按月收取费用。

我们的目标在于，最终按照分层服务向人们收费。在你的产品、服务或者软件有了被认可的价值和品牌之后，你就能够这么做。将这些层级想象成不同类型的机票——不管是坐经济舱、商务舱还是头等舱，你都会到达目的地，但是不同级别的服务大不一样。阶梯定价对于大多数软件企业来说是一种非常常见的做法，而且它根据产品的功能一直在变化。比如 Circle.so，一个创作者社区平台，根据社区成员的数量以及可用的功能和集成情况，提供基础级、专业级以及企业级三种级别的服务。

即使你从很低的起点开始，逐渐做大，收取一些费用也很重要。免费与 1 美元之间是天壤之别——这就是"零价格效应"。正如行为经济学家丹·艾瑞里（Dan Ariely）在《怪诞行为学》（*Predictably Irrational*）一书中所写的：

"人们会对免费的东西趋之若鹜，即使这并不是他们想要的。"[1] 他举了大学生排队等待免费、非常不健康的布朗尼的例子。只要付哪怕1美分，孩子们就消失了。

（后面你可以考虑引进从免费开始的阶梯价格。这种由风险投资家弗雷德·威尔逊推广起来的模式，通常被称为"免费增值模式"。[2]）

广告驱动的媒体模式是另一个例子。如果读者刚开始时不用付任何费用，那么开始收费时通常很难让他们相信它是有价值的。

定价决定并不是一成不变的。价格只是产品的一部分，跟其他东西一样，能够而且会随时间发生变化。跟产品开发相似的是，你的目标是开启这一发现的过程，而不是马上得到完美的结果。

值得注意的是，当产品价格的确发生变化时，它通常会上涨。你也应该如此：随着你的产品不断改进、能提供更好的服务，其对客户也会变得更有价值——你甚至可以对你的超级用户引进更高的价格。

一旦定好价格，你就需要开始留意是否有人会感兴趣了。我建议从身边最亲近的人——你的朋友和家人开始。

（很遗憾，并不是每个人都拥有一个支持自己的家庭。你完全可以选择一家人代替他们。）

首先是亲朋好友

在硅谷，第一轮融资有一个专门的词："亲友"轮。在湾区以外，风险投资家和天使投资人不会在街上来回寻找可以投资的项目，通过亲友融资的方式可能更为常见。但家人和朋友并不是只在涉及筹资的时候才重要。不管到目前为止他们是否给过你一分钱，都值得向他们推销，让他们成为你的第一批客户。

即使你知道朋友和家人就处于你社区的中心，你也可能感到不自在。我曾经在明知自己没有将所有问题都解决的情况下，将我的产品推到朋友们面前，让他们试用

Gumroad，这当然让我不舒服过。不过，在你刚起步、没有多少名声的时候，谁能比你的亲朋好友更相信你？如果他们都不相信你，谁会？

尽管如此，一些人仍然认为他们可以跳过朋友和家人推出产品并取得病毒式传播的成功。比如，通过 Kickstarter 平台。但即便是 Kickstarter 也知道事实并非如此。"每周有数百万人访问 Kickstarter，但支持总是从你认识的人开始，"该网站这样写道，"朋友、粉丝以及你所在的社区可能是你最早的支持者，更是宣传你项目的最大资源。"[3]

当然，项目的确偶尔会迅速走红，但如果没有项目创作者的朋友、家人及粉丝最初的大力推动，几乎没有一个能走红。这一切都说明，仰仗朋友和家人提供最初的支持，让他们第一个来购买你的产品，这很正常，甚至应该这样。你如果在这方面有困难，那就提醒自己，你已经创建了你认为会提供真正价值的东西，它即使不完美，也值得付费来买！

PleaseNotes（日志公司）的创始人兼首席执行官谢丽尔·萨瑟兰德（Cheryl Sutherland）在利用日记和自我肯定的方式寻找下一步职业计划的时候，产生了创建企业的想法。该企业提供面向个人成长的训练计划，制造相关的日记本及其他产品。[4]一位平面设计师密友帮助她设计了网站以及第一款产品——PleaseNotes，一套（3册）印有各种自我肯定的励志名言的便笺贴纸。另外还有两个朋友拥有一家众筹咨询公司，教她如何发起一个有效的 Kickstarter 募资活动，来为她的第二款产品——PleaseNotes 日记本生成订单。[5] 她的目标是筹集 10000 美元。最后，她从 253 人（其中很多都是朋友和家人）那里募集了 15054 美元。[6] 这笔资金让她得以在市场上试水，也给了她继续前进所需要的动力。

概念的早期检验非常宝贵。餐厅需要花时间确定菜单，所以才会在亲朋好友间试营业。电影需要时间确定它情节发展的节奏，所以才会有试映。你的生意和产品也需要这样。

一旦你解决了大家反馈的问题，将你的朋友和家人变成客户（因为你的产品真的很好），你就能从亲朋好友圈移步，迈向你的社区了。

社区，社区，还是社区

随着时间的推移，移步跟你的相关性将越来越弱，跟你的产品的相关性越来越强。你从你的朋友和家人开始推广产品，他们最在乎的是你。你的社区不那么在乎你，他们更在乎你的产品。

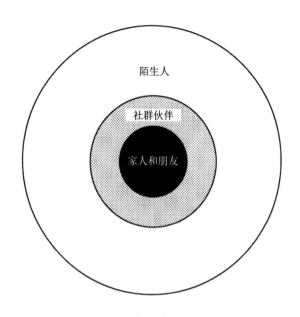

陌生人

社群伙伴

家人和朋友

你的生意遵循这样的发展路径：从最在乎你的人开始，在最不在乎你的人那里"结束"。

即使你成功地为你的社区成员解决了一个问题，引起他们的注意可能也需要些时间和耐心。人类与物体一样具有惯性。每个人都处在一条轨道上，通常需要碰撞一次才能将他们推向另一个方向，即使它是你用生意的方式提供的更好的解决方案。

除了你个人认识或者有联系的其他人，你可以主动在周围寻找类似的客户。每个街区、街道以及市区都是人们共同生活和休闲的社区，在一些繁华的社区还有本地商业场所、活动场地和街区派对。这是人们在办公室和家以外享受生活的地方。在你最喜欢的咖啡馆的墙上以及电线杆上贴一张海报。

下一章我们会讨论正式营销，但在实施一个更加结构化的计划之前，你仍然可以利用各种策略性外展的机会。每个社区都有记者和小网络达人，他们会报道社区里的新鲜事。我现在居住的波特兰就有几十个照片墙和推特账号分享的内容涉及这个城市的方方面面。这些人是学生、业余爱好者或者专业记者，专门报道你在忙的事。

你可以通过以下方式来实现：

1. 列出每个——是的，每个——写过或分享过与类似产品相关的内容的人。 这些内容诸如某一业务推出、某家公司倒闭、一款新产品发布、一家公司的约会之夜。我们可以称这些人为主题专家。

2. 亲自联系他们。 主动提出为他们演示你的产品，或者在你的店里与他们见面，或者请他们吃一顿饭。在 Gumroad，这样的事我实实在在地做了数百次。即使在有了几千个创作者之后，看到一个自己真心喜欢，而且认为 Gumroad 能够帮到的创作者，我仍然会主动去联系。

3. 向他们中的个人寻求真实反馈。 别去要求评论，或者在社交媒体发帖，也别让他们告诉朋友。你的目标是改善你的产品体验，而且你需要明确表示你无比感谢他们的支持。

在第一次把产品引入市场时，你也许是某一个社区的成员，但随着你的生意扩大和变化，那个社区也会扩大和变化。这只不过是发现新的重合点和需求，让一个更广泛的群体知道你为他们的问题找到了新的解决方案而已。希望随着时间的推移，你的客户会把这些发展到他们自己的社区中。

建立关系是关键。你的生意会做很久，留住一个客户比找一个新客户容易得多。永远不要夸大宣传，要诚实、开放，始终保持友善。给他们看看你最近如何改进了产品，告诉他们你最近一次失败的经历。不要围绕你的产品来营销，围绕你这一路的旅程和收获来给他们启发。

陌拜邮件、电话和短信

你需要发很多封邮件，打很多个电话，敲很多户人家的门，才能联系到清单上所有你认识或者能够认识的人。主动联系可能有段时间没见面的亲友以及你社区的成员是你要做的事。你的电话是一个告诉他们你在忙什么，问他们是否有兴趣成为你的客户的机会。有些人会答应，但是很多人会拒绝。一旦不再介意这些"不"，你就可以把产品卖给陌生人了。

在 Gumroad 成立早期，我们搜遍了网络，寻找可以从 Gumroad 这样的产品中受益的人，然后向他们介绍它。真的就这么做了几千次。真的，在你年纪轻轻、无人在乎或者无人知晓的时候，这是让人们使用你的产品的唯一方式。

随着时间的推移，这样的事你做得越来越少也不会对你造成很大的影响。但是在你拥有很多客户或者一些能够提供持续动力的其他力量之前，没有比上门推销更好的办法。这是被政治说客、耶稣基督后期圣徒教会和其他人所使用的一种久经考验的技巧，因为它有效！相信我，如果有更好的方法，人们早就发现了。

就连 Stitchfix（美国一家服装零售公司）的首席执行官、2020 年《福布斯》最富有的白手起家女性之一[7]，卡特琳娜·雷克（Katrina Lake）也是从在领英上向潜在投资人发陌拜信息、打陌拜电话开始的。[8]"你越不害臊越好，脸皮越厚越好，"她说道，"人们不会回你消息，人们会说'不'，但是不时就会有人感兴趣，说'好'。但如果你前面没有经历那么多的'不'，就不会有这样的机会。"[9]虽然你可能没有去求投资人，但你会反复与可能拒绝你的人交谈。你越早适应这一点，越早认识到这不是在针对你，并把这些"不"当作学习的机会，就越好。

我理解，主动联系你不一定认识的人（其中很多人会忽略你或者拒绝你）会尴尬、不舒服。我觉得那些希望通过其他方式，比如搜索引擎优化或者内容营销来获取客户的人，都是在为自己找脱身的办法。你如果也是这样，停下来！这根本不可行！俯身屈就、投入时间去找人，通过邮件、电话以及任何可能的方式主动联系他们，并忍受一段时间。你可能会发现，谈你的流程、你的产品以及到这一步你所走过的路远没有你想的那么难。毕竟，这是你的作品，你在将它呈现给这个世界时应该感到兴奋和自豪，所以你不要错过这个去发现的机会。

一场精彩的产品亮相活动也不会改变这一点。大张旗鼓地渲染造势不会带来真正的客户，就像 Quibi 的教训一样。稳定增长大部分来自一个勤奋的销售团队（从你开始）长期（尤其是最初阶段）的努力。

如果你需要帮助才能开始行动，这里有一个例子。

你好，约翰，

　　我看到你使用 PayPal 在你的网站上卖一份 PDF 文件，而且手动向购买 PDF 的每一个人发送邮件。我创建了一个叫 Gumroad 的交易平台，将这些都进行了自动化。我很乐意给你看看，或者你可以自己查看：gumroad.com。

　　而且，我很乐意用我们的一份 PDF 小文件分享我们从创作者那里看到的收获！欢迎和我联系！

　　祝好！

　　　　　　　　Gumroad 创始人兼 CEO　萨希尔

　　不要复制粘贴。每一封邮件都会提升你写邮件的能力。如果做对了，你就不仅在教授客户，也在自我学习以了解在哪些方面可以做得更好。这是"双学"局面。

　　在早期，你生意的增长中 99% 会来自人工销售。到后期，你的增长中 99% 会来自口口相传。这不是一个理想的答案，但却是真的。付费营销、搜索引擎优化以及内容营销之类的方式可以以后再用，要等到你有了 100 个客户，你开始盈利，你的客户帮你介绍更多客户的时候再用。只有到那个时候才能用！

　　最好的消息在于，一旦拥有了 100 个客户，你就可以用同样的方法发展到 1000 个；一旦有了 1000 个，你就可以用相似的方法发展到 10000 个。

Slack 在 2020 年以 160 亿美元的估值首次公开发行的时候，它的发行文件显示，在它的客户中，575 个客户贡献了公司收益的近 40%。这说明，你需要的客户比你想象的少得多。

专注于网络的大型科技公司拥有令人眼花缭乱的数据，但是它们的实际利润（不管怎样，当有利润时）来自它们总受众中极小的一部分。我们这样的公司完全忽略潜水以及只享用不贡献的用户，专注于核心用户可能会更好。根据产品或服务的性质，几十个到几千个常规用户就足以让一个产品长期维持下去。

Mailchimp 是一个很好的例子，说明了专注于规模较小、可靠的客户可能比殚精竭虑地发展新客户要更合理。本·彻斯特纳特（Ben Chestnut）和丹·克孜尔斯（Dan Kurzius）首先成立了一家名为 Rocket Science Group 的网站设计公司，专注于大企业客户。但与此同时，他们还创建了 Mailchimp，一种面向小企业的邮件营销服务。在大约 7 年的时间里，他们经营着两家公司，直到 2007 年关闭那个网站设计公司。因为他们发现，为小企业工作给了他们自由，让他们能更具创意，并能够迅速适应客户的需求。[10]

彻斯特纳特和克孜尔斯提供的服务非常多，但Mailchimp 的服务在 2000 封邮件之内都免费。[11] 一旦客户想要发送更多邮件，或者需要额外的服务，便以每月10 美元开始收费，并逐渐加价（请看前文讲到的阶梯定价！）。即使 Mailchimp 可以将覆盖范围扩大到企业和机构，该公司的客户基础也仍然是小企业，并没有偏离为核心社区创建功能这一使命。

这可能有些令人感到意外，但并非巧合。不管你是刚刚起步，还是已经经商数年，你最重要的客户就是你的社区。他们信任你，因为你帮助他们发展了业务。当你开始有产品的时候，他们也会支持你，这不是偶然。

这不仅仅适用于大型 SaaS 产品，对较小的产品也适用。纵观极简主义创业者，我发现了一个共同的模式——人工销售：找到你的社区，谈谈你的历程，突出你的客户，获得真实的反馈。如果你从社区开始，并且继续关注和解决社区中长期存在的问题，那么这第一批客户可以带着你走很远。

不惜一切代价求增长，在于向陌生人销售，以便扩大规模。但是不惜一切代价求盈利则意味着你不需要依靠陌生人来维持你的生意。相反，你可以依靠你社区里的现有客户，最终依靠你的受众。他们会在自己觉得这么做舒服的时候去扩散宣传，而且你将以这种方式成长。对于赚多少钱合适，每个人的数字看上去都不一样，但目标一样：财务独立。我在为自己做这件事时，每月需要大概 2000 美元来维持生活。

如果你的产品像 Gumroad 一样每月收费 10 美元，那你就需要 200 个客户。这看起来也没那么糟糕。一年大约有 260 个工作日，如果你每个工作日都能获得一个客户，那么你不用一年就能达到那个目标！

丹尼尔·瓦萨洛在推特上写道：

Daniel Vassallo @dvassallo · Dec 30, 2019

2000 customers @ $39/month is almost $1M/year.

- You don't need to dominate the market.
- You don't need to disrupt anything.
- You don't need to conquer the competition.

You can add 1 new customer/day & before you know it, you'll have a $1M/yr machine. Wouldn't that be enough?

💬 144　　🔁 1.2K　　♡ 7.6K　　↑

（2000 个客户每个客户 39 美元 / 月就相当于 100 万美元 / 年。

——你不需要主导市场。

——你不需要扰乱任何行业。

——你不需要打败竞争对手。

你可以每天增加一个新客户，这样在不知不觉的情况下，你就会有一台 100 万美元/年的赚钱机器。这还不够吗？）

听上去也没有那么难，对不对？你日常的工作可能已经在为别人卖产品了。去卖你自己的产品吧！

像杰米·施密特一样销售

杰米·施密特（Jaime Schmidt）从未推出 Schmidt's Naturals 这个她于 2010 年创立的天然除臭剂品牌。相反，在 2017 年以超过 1 亿美元的价格将自己的公司卖给联合利华之前，她一路都在庆祝小里程碑。

杰米在怀着她儿子，参加完一个洗发水 DIY 课程之后，开始深入研究天然个人护理产品。尽管香皂和乳液的配方有数百种，但除臭剂的配方却寥寥无几——虽然很多人担心传统配方中的成分。杰米尝试了所有天然除臭剂，发现没有一款对她有效，所以她决定自己制作一款。[12] 她试验了几个月，直到找到一种有效的配方，并确定了香型——她喜欢的雪松香味。[13] 在那节洗发水课程结束的 6 个月之后，她有了一条乳液和除臭剂的产品线，而且准备将产品卖给她的第一批客户。

她为自己的企业创建了一个简单的网站和一个脸书页面，在那里发布文章和配方。[14] 在最初的几个月里，她通过寄售的方式在波特兰的两家当地小商品店卖了一些产品，自己在城市周围的一些集市和农贸市场也卖了一些。人们在她的摊位前停下来试用除臭剂和乳液，她也发现了与潜在客户谈话的节奏：询问他们使用的产品，谈谈她的产品以及她是如何做的测试，让人们相信她的天然除臭剂确实有效。[15]

第二年，她决定全力以赴去实现她的想法。她在一些售卖 Schmidt's 产品的商店的两个岗位上做兼职，这个决定出于两个目的。首先，与客户互动，这让她有机会收集客户对其产品的见解，并了解零售行业的内部运作。但同样重要的是，这些兼职收入可用于启动 Schmidt's 产品的种子资金。店里的顾客以及她在节日和展会上不断遇到的人对她制作的除臭剂最感兴趣，他们经常回来告诉她效果有多么好，并购买更多。[16] 她说："早期客户的反馈让我得以完善我的配方，确定未来香型，并让我认识到我在哪里发挥了最大的影响力。"[17] 一旦她改进了除臭剂，"客户们跟我确认，我的产品效果异常好，他们就去做宣传"。

2012 年伊始，施密特为这款除臭剂设计了新的现代包装，旨在使其在竞争中脱颖而出。她越过了直接面向消费者的销售渠道和竞争对手们几乎作为唯一渠道的天然和健康产品零售商。在 2015 年，她将销售渠道扩展到传统的小型生活超市和药店，这让她能够接触到更多的顾客，也能够更容易地获得健康天然的产品。

她的创意、创新以及努力获得了回报。施密特在福克斯新闻和《今日秀》节目上亮相，被名人和网络达人在社交媒体上提及，全国性的出版物也刊登了有关她的文章，其产品也得以在塔吉特和沃尔玛的货架上销售。虽然苦乐参半，但施密特意识到拥有更多资源的更大公司可以将她的愿景和使命带给更广泛的客户群。2017 年圣诞节前，她与联合利华签署了协议。

在回顾自己一路的历程时，她说："当有人问我是什么让施密特如此成功的时候，我经常说我的客户就是我的商业计划，它始于我在农贸市场倾听客户的意见，这种做法贯穿于企业成长的每一步。高度关注我的客户一直引导和服务着我。"不是销售，不是营销，而是客户教育着她，也被她教育。

为了庆祝而推出

正式推出产品是一块踏脚石。它是在你的产品已经有了客户，经营得不错，而且会继续这样下去的时候会发生的事。很多公司在第一年就破产倒闭。为什么在还不确定产品能否继续存在的时候就大张声势呢？相反，应该创造一款成功的产品，为了庆祝你的成功去"推出"——用你生意赚到的利润，而不是你自己的钱。

更好的是，去庆祝客户的成功。我认为，为了某个里程碑而庆祝是正式推出产品的很好时机。在已经成功将产品卖给了100个客户的时候去庆祝如何？一旦你在经营一个正在发展壮大且能带来利润的生意，拥有了100个喜欢你、你也在乎的客户，就可以去庆祝——通过推出产品。举办一场派对，邀请你所有的客户，并感谢他们一直以来的支持。

去这么做吧，你会有客户在门口排队。他们将是你已经认识的人，以及认识你的人。其中有些人还会带来自己的朋友和家人，甚至还会带来自己社区的成员。

他们甚至可能在你的活动开始之前就帮你宣传，因为你已经告诉他们了，他们很高兴能支持你。而且，他们还能跟别人讲讲你的产品有多棒，以及它让他们的生活变得多么美好。你的客户可能是比你还优秀的销售。很好——他们在人数上很多！

或者，也许你认为根本不需要推出产品。这也可以。但创业可能会孤独，这可以是一个聚会的好借口——回馈你的社区成员，感谢他们帮助你走这么远。

一旦你拥有了比自己更擅长销售自己产品的 100 个客户（其中一些现在已经是回头客），你就可以迈向创业的下一步——营销了。

关键要点

- 发布会很诱人，但它们是一次性的活动，不要把你的生意押在这上面。相反，要等到拥有一款有回头客、付费客户的产品的时候，再借感谢他们的机会去正式推出你的产品。

- 直接向客户销售产品（或者流程）可能看上去很慢，但这是值得的。它会带来更好的产品，因为销售过程与说服客户不那么相关，而与发现更相关。

- 先从亲友开始推销，再去社区，最后才向完全陌生的人推销。（离你越远，他们就越难说服。）

了解更多

- 《怪诞行为学》，关于人类心理与定价的书，丹·艾瑞里撰写。
- 《人性的弱点》（ *How to Win Friends and Influence*

People)，戴尔·卡耐基著，这是我读过的关于销售的最好的书。

- 我接受 Indie Hackers 网站采访时，谈到在 Gumroad 早期成长过程中，以陌拜邮件为基础去销售的重要性。访谈录见：www.indiehackers.com/interview/i-started-gumroad-as-a-weekend-project-and-now-it-s-making-350k-mo-4fc6cbc0e8。

第五章

通过做自己来营销

营销其实就是分享你所热爱的东西。[1]

——迈克尔·凯悦

　　恭喜你！你有了社区、一个产品和 100 个客户。这意味着你达到了产品和市场的最佳契合点，我为极简主义生意更明确地定义这一状态：有回头客。回头客意味着你的生意在没有持续的推销活动的情况下能够继续发展下去，这样你可以开始专注于规模的扩张。首先是你的客户获取和销售策略的规模化，然后是你的企业，接下来是你的抱负。

　　那么，营销从哪里开始融入这个过程？

　　营销，就是大规模销售。请记住，在创建一个最小化可行产品之前，我们已有一个有价值的人工流程。而在能够进行营销活动之前，你需要将产品卖给 100 个客户，那是因为你的营销要建立在销售过程的基础之上。销售是向外逐个攻破，而营销是向内一次吸引几百个潜在客户。销售让你的客户达到 100 个，营销会让你的客户达到数千个。

但是不要把营销和广告混为一谈。广告要花钱，极简主义创业者只在万不得已的时候才花钱。我们在这一章后面会谈到广告，那是因为它们是营销的一部分，但是是以真正的极简主义的方式来进行的，我们会从免费的东西开始。因为只有从销售中学到了足够的经验和教训（就像你为产品建立有价值的人工流程所做的一样），你才能花钱做营销。

最好从花时间而不是花金钱开始。博客帖子免费，推特、照片墙、油管和 Clubhouse 也都免费。与其花钱，不如从在这些地方建立一个受众群体开始。

受众的力量

你从利用一个已经存在的社区开始创业，现在是时候继续前行建立一个受众群体了。两者的区别在哪儿？

你的社区是你受众的一部分，但你的受众并不是你社区的一部分。受众群体是一个当你有话要说时你的信息能触达的所有人组成的网络。

这可能包括在每一个社交媒体平台上关注你的用户，关注你的品牌的用户，你的邮件时事通讯的订阅用户，每天从你零售店橱窗前路过的行人，等等。假设你要告诉尽可能多的人世界在 1 个小时内就要完了，你能告诉多少人？那就是你的受众。

销售让你在这些新的人群中试水，因为它迫使你走出你的舒适区，一个一个地去说服他们，同时在这个过程中改进你的产品。营销更难，因为你必须让客户走出他们的舒适区来你这里，而不是你去他们那里。人们有自己的生活和要做的事情，今天使用你的产品不大可能出现在他们优先事项的清单上。

但如果你能想清楚如何让客户来找你，扩大生意规模在方方面面都会变得容易很多。招聘变得更容易，销售变得更容易，业务增长变得更容易。当你有一个每天都在扩大的群体支持你取得成功时，创业的每一件事都会变得更容易。

上一章，我谈了向你的第一批客户，也就是你的朋友、家人和社区成员出售你的产品，本章我会讨论你在已经联系了你认识的每一个人之后要做些什么。我不是特别喜欢向陌生人推销，但是我非常支持让陌生人成为你的受众，并最后将他们变成客户。

人们不会从陌生人一步到位变成客户，他们从陌生人开始到模糊地知道你的存在，到渐渐成为粉丝，再到成为客户，最后成为帮你宣传扩散的回头客。

从制造粉丝开始。

制造粉丝，而不是头条新闻

想想你很喜欢的一个企业，你能说出创始人的名字吗？能想象出他们办公室的样子吗？你脑海里能"听"到他们的声音吗？我敢打赌，对于很多企业而言，答案是肯定的。

为什么你能够做到这些？因为你读过关于他们的文章，在社交媒体上关注了他们。如果你之前一直没有买过他们的产品，你现在更可能去买。

遗憾的是，大部分创始人不习惯将自己置于企业发展的故事的中心。但是你需要这么做。人们不在乎企业，他们在乎别人。而你已经从一无所有到创立了事业，热爱所做的事。你不需要分享自己午餐吃了什么，但你应该将那些来之不易的收获与世界分享。

我看到很多创始人不管自己多成功，都仍然受困于"冒名顶替综合征"（imposter syndrome）。还有那么多你不知道的东西，还有那么多比你更有学识的人，还有比你的企业更大的企业，它们拥有更多的收入、更多的员工以及更多的荣誉。

这些都是事实，不过没关系。你有可以提供的东西，而且现有的客户很在乎这种东西。他们为你的劳动成果付费，对你的想法感兴趣，想知道你为什么做出某些特定的决定以及你的产品是怎么诞生的。随着你不断成长、进步，你的产品也会得到改进。你会收获更多信誉和信任。而且你将会学到如此多其他人也能受益的东西。当与社区互动，向前 100 个客户出售产品的时候，你已经在这么做了。你在与人们建立个人联系，既向他们讲述你的故事，也聆听他们的故事。

建立一个受众群体，朝着制造粉丝迈出的第一步就是大规模地进行这些对话。

极简主义营销漏斗

每一位客户成为客户的过程都不一样，但都是从不知道你是谁或者你在卖什么开始的。最终他们会在照片墙的

feed（订阅源）、一篇论坛帖子或者朋友分享的一条推特消息了解到你的产品。他们一般很快就会忘记。有一天，他们即使忘记是谁发的文，也可能会喜欢你的产品。他们可能会参与几次互动。

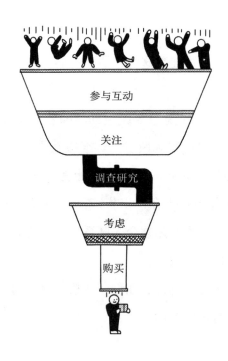

最终，他们会感兴趣——不是对你的产品，而是对你或你的品牌所要表达的内容。他们会点击那个大大的"关注"按钮，也许还会点击进入你的网站查看一番。如果他们喜欢你的想法、你说的话、你的语言，他们就可能也会喜欢你创建的东西。

大多数人不会适合使用你的产品。没关系，你的受众群体会发展得比你的客户群体大很多——你的客户群是你受众的一个子集，可能是最热情的那部分群体。

如果你的产品适合他们，他们会开始考虑你的产品，然后通过注册账户，评估功能、定价等方式来表明他们的意图。某一天，他们就会购买。

你可能想要从这个漏斗中尽可能多地省去一些步骤，也可能想增加一些步骤，比如免费试用，但是你不能缩短这个过程，不管你有多想去这么做。每一个客户都会参与互动、关注、调查研究、考虑，最后购买（而且希望再次购买）。

漏斗顶部：社交媒体和搜索引擎优化

外面的世界有 80 亿陌生人可以进行对话。你从哪里开始？除了你的社区，从现有客户所属的社区开始，然后从那里向外发展。市场营销是二级销售，所以你的现有用户应该已经在为你宣传产品了。理想情况下，他们这么做是因为你的产品让他们的体验更好。比如你的客户可能会在你的冰激凌店跟别人第一次约会。

你还可以激励这种行为。如果你有一家冰激凌店，你可以向任何在照片墙上发布故事的人提供一份免费华夫甜筒。

模拟世界有"客流量"（foot traffic）的概念。房产经纪人会一次又一次地告诉你"位置、位置、位置"。地理位置非常重要，因为人们在物理世界度过每一天，如果你正好就处在他们所在的地段，你可能就会达成一笔在其他地方无法达成的新交易。

社交媒体没有什么不同。这里没有主街，但是有照片墙的"搜索"标签；没有马丁路德金大道，但是有推特算法将你可能重视（或者愤怒）的新内容加入你的 feed。

这些算法通过判断你的内容的理论"质量"来运作。虽然每个平台的秘籍都独一无二，但通常都是根据哪些内容能带来与终端用户的持续互动来判断。总体来说，这意味着你的内容应该在屏幕另一端引起消费者点赞、分享、评论和其他形式的正面肯定。

位置对数字产品也很重要，只是作用方式与冰激凌店不一样。就像你可能会根据你的客户类型在不同的购物中心选择店面一样，你的受众在网上也有特定的位置。

举个例子，推特是 Gumroad 起步的好地方，因为它有"转发"功能。它让创作者将我们的推文分享给他们的受众。我见过一些人因为一个受欢迎的账号转发了他们的想法，粉丝从几百人涨到几千人。而且发推文比制作图像、视频或者音频发布到其他社交网络要容易得多，你可以通过一个非常快的反馈循环来实现自我培训。

但是这也要视情况而定。照片墙可能是适合你产品的完美平台，油管、Reddit、Pinterest 可能也是，全部都试试。这么做的理由在于，与将门店搬到一个新的区域相比，尝试一个新平台要省钱、容易得多。世界时刻都在变化，新平台不断涌现。你可能在 TikTok（抖音海外版）、Clubhouse、Dispo（一款相机应用）或一些还不存在的新平台上获取更大的成功。重要的是开始行动。你最终会找到一个通过做自己就能为你的产品做广告的平台。

社交媒体，如何开始

创建账号

一个是你个人的账号，一个是你企业的账号。

我的账号包括我自己的账号（@shl）和 Gumroad 的账号（@gumroad）。我创建个人账号的目的是鼓励更多人创业。如果你正在读这本书，很可能这一点对你而言并不意外。Gumroad 这个账号存在的目的，是激励人们在

Gumroad 或者其他平台成为创作者。创作者和企业老板身份不同，两者之间存在细微的差异，但是二者面对的根本问题相同：谁是你的受众？他们的生活目标是什么？你如何能帮助他们实现目标？

很多人认为他们有企业账号就足够了。不，并不是如此。人们不在乎你的企业和它的成功，他们在乎的是你以及你的拼搏。

不要分享你午餐吃了什么

更新你的生活状态或者企业的近况是可以的，但这不会增加你的受众。在社交媒体上（即使是在你的个人账户上）谈论一日三餐的时代已经过去了。现在你的目标是扩大影响力，为在网上找到你的陌生用户提供最大的价值。

要真实

社交媒体是关于想法的，而不是关于人的。做你自己，但要专注于践行一套核心价值体系。你学到了什么？曾进行过怎样的对话？你要做的是给予，而不是索取。记住：这里关键不是卖产品。

你的企业账号应该跟你的个人账号相似，因为两者都是你，而且都应该是关于想法的，这样你就能够持续不断地免费提供价值。你不是在谈论一个新的客户案例或推出的新功能，这可能会让人觉得奇怪。你也可以偶尔这么做。但事实是，你的受众不在乎。他们想要减肥、大笑，想要娱乐、变得更聪明、跟所爱的人共度时光，想要准点回家，想要睡足、吃好，想要开心幸福——帮他们实现这些愿望。

在公众视野中创建

在第二章，我谈了社区以及在加入某个志同道合的群体的过程中分享你正在学的东西。现在，是时候代表你的产品再走远一点了。你不仅应该分享为了维持你与社区的联系你所学的东西，还应该在公众视野下创建你的品牌，并与你的客户分享这个过程。

你不必是一个天才，或者假装是天才，你只需要在至少一件事上领先你的受众一步。

相信反馈循环

开始分享后，你很快就会发现哪些行得通、哪些行不通。社交媒体的魅力在于你能够从你的粉丝中获得即时回应（或者没有回应）。随着受众越来越多，你会收集到更多数据，这样你每天都能回顾什么有效果、什么没有效果，并分析其原因。"有效"对不同的产品意味着不同的东西，但是归根到底，你的努力应该可以量化、客观，而且应该在某种程度上为你的营收做出贡献。

你在社交媒体上分享的内容就像你的产品一样，它让人们的体验有多好，你的内容就有多棒。脸书、照片墙、油管、Reddit、Pinterest以及所有将想法相同、兴趣一致的人彼此联系起来的其他平台都是如此。虽然这些平台存在一些细微的差异，但你在使用的过程中很快就会弄明白。

用不了多长时间，有些内容你在说出来之前就能预测结果会如何。因为我经历过这些，所以我在这儿可以帮助你。根据我的了解，人们分享的内容有三个层次，每一层都比上一层更具有潜在影响力。

教学、激励和娱乐

你可能很想直接跳到最"有效"的那一类内容，但是就像锻炼一样，在跑5千米之前，你应该先走路，在跑马拉松之前应该先跑5千米。你的身体需要时间去适应，你的大脑也是如此。最重要的是，你的受众也一样。

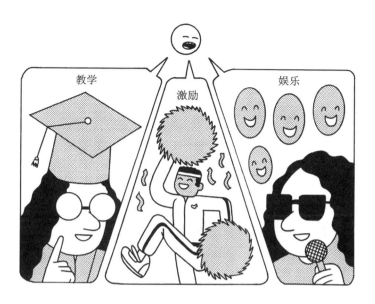

在没有多少人看着的时候，去犯错吧。在公众面前成功的必然结果，是在公众面前失败，所以你会想要在获得较小规模的成功带来的自信与安全感之后，再向着下一个高度攀登。

第一个层次：教学

很少有人能从做自己转变为当老师，但是有些人会在社交媒体上花大量的时间搜寻更好地生活、学习和赚钱的方式，他们能够迅速建立起受众群。这就是你在已经认识你的人之外发展自己的受众的方式。免费提供价值，不要求任何回报，反复这么做。这是你在社区所做的事的自然延续，只是现在是在更广泛的人群里这么做。如果你有100个客户，那么你至少学到了100件事。从分享这些东西开始。

你现有的受众会对你分享的内容做出回应，将其中最好的传播给他们的受众，而你的受众会因此增长。你会每天都这么做，因为这是你工作的一部分，反正你已经整天在线了。

当然，这不是你在做的所有事情。你仍然在创建一门生意。在社交媒体上的曝光度，是你的生意成功的滞后指标，应当始终处于次要位置。

2008年，珍妮和罗恩·多恩在金融危机中失去了大部分积蓄。他们的孩子艾尔和萨拉想了一个办法来帮助他们从这场危机中恢复过来。艾尔和萨拉买了一台电脑纫缝机，为热爱针线手艺的母亲投资，在家乡密苏里州汉密尔顿的一个小地方做起小生意。艾尔和萨拉希望，在机器纫缝存在需求、交付周期很长的情况下，珍妮可以接手别人的项目并完成它们。他们思忖着如果她每个月能挣1万美元，那么她不仅可以维持生活，还能够再次拥有家庭的积蓄。

生意非常不景气，以至于他们的想法看上去似乎根本行不通。艾尔那个时候已经建立了几个互联网公司，就开始四处寻找让人们知道他母亲生意的方式，尽管他并不清楚绗缝的人在网上都经常在哪里出没。结果他发现，互联网还没有触及绗缝领域，而且大部分绗缝的人都对自己的技术和设计严格保密，将其他人尤其是初学者拒之门外，而不是邀请他们来学习、缝纫和创造。

艾尔说服珍妮制作了 10 个她教绗缝技巧的油管教程，后面的故事就尽人皆知了。珍妮的 500 多个视频已经被浏览了数百万次，2020 年密苏里之星床品公司发出了 100 多万份订单。汉密尔顿已经成为"绗缝业的迪士尼"，这个曾经逐渐衰败的小镇每年接待十多万游客前来参观密苏里之星的 16 个被褥商店、他们的餐厅以及疗养中心。这一切，都是从 10 个油管视频发展而来的。

如果你在想，"我不知道从哪儿开始"或者"500 个视频？！"，那提醒自己，这些技能你已经练习一段时间了。还记得你是如何通过评论、贡献、创作参与社区的吗？你在这里基本上是大规模地这么做。它不需要精打细磨，不需要制作，也不需要十全十美。最重要的是每天安排一定的时间，开始行动。

第二个层次：激励

教学，是一种开始行动的好方式，但是如果要在你的"学生"之外增粉，就需要超越教学。对学习物理感兴趣的人只有那么多，但理查德·费曼（Richard Feynman）却比任何物理老师都出名，因为他谈论了比物理更宏大的东西。他将从物理学中获得的见解转化成对生活的真知灼见。从严格意义上讲，他的作品属于哲学领域。

在某个时刻，他开始激励人们，启发他们努力过上更好的生活。随着物理学成为他所教的内容的一部分，他的物理学学生也成了他新的受众群体的一部分，想要过更好生活的人远多于想要学习物理的人。

如何去激励和启发他人？你可以将自己从绘画、写作、设计、软件设计或者物理学中学到的东西运用到生活中，并与更广泛的受众分享。你可以记录你的项目及其进展：你从哪里开始，今天处于什么阶段。例如，如果你在营养品行业，一场减肥之旅的视频要远比一个提供信息的视频更容易获得人们的关注。

2019 年被 Spotify（一个正版流媒体音乐服务平台）收购的叙事性播客公司吉姆利特传媒（Gimlet Media）推出了第一个播客节目《创业》（*StartUp*），介绍自己刚开始创业时的卑微经历。[2] 在第一季中，创始人亚历克斯·布朗伯格（Alex Blumberg）和马特·利伯（Matt Lieber）讲述了他们创业的经历，其中包括一个尽人皆知的插曲。当时亚历克斯为风险投资人克里斯·萨克（Chris Sacca）做路演的时候，表现得十分笨拙，极其糟糕，克里斯随后给他示范他的项目应该怎么做路演。创始人打架？有。精疲力竭？有。家庭闹剧？有。《创业》节目揭露了创业者都会面对但又很少有人愿意去谈论的某些时刻。结果带来了数百万次的下载量。

创始人最开始就是为了激励他人吗？不一定。但是通过分享自己奋斗的经历以及取得的成功，他们向他人展示了可能出现的情况，还吸引了粉丝，而不仅仅是客户。你也可以这样做。不要只是教学，从你的经历出发，讲述真实的情况，人们自然会受到启发。

第三个层次：娱乐

第三个层次最重要，因为它让你与一个更大的潜在客户群体（几乎每一个人）关联起来，但这也是最难实现的一个层次。

教他人不容易，激励他人不容易，娱乐也不容易。现在试着同时做这三件事。为什么？想想你是如何安排自己的闲暇时间的。是看电影、看电视节目和单口喜剧特辑，还是——说实话——读一些像这样的书？

即使你真的会读一本像这样的书，你也会经常跟朋友和家人谈论它们吗？你更可能将时间用于谈论你看的上一场篮球赛、最近的政治丑闻，或者即将上映的好莱坞大片。

在关键时候，娱乐总是更胜一筹。

社交媒体也是如此。每一个平台都有将所有内容展示出来的 feed，每件事都有一个 feed。如果说内容是王道，那娱乐就是王道中的王道。[3]

你不需要去另辟蹊径。继续教人们、激励人们，但是做的时候要更有趣。你仍然在试图教人们，但是你想要以一种能吸引大家的方式这么做——当你让它变得有趣的时候，这种情况就会发生。

想想一个笑话的三个部分：（1）说点什么；（2）建立一种模式；（3）用一句妙语打破这个模式。

这里有一个对我很有效的例子。我经常讲创业，但这条推文引起了人们的共鸣，而且迅速被大量转发……因为它很有意思。

 Sahil ✔ @shl · Feb 10　　　　　　　　···
Entrepreneurship: work 60 hours a week so you don't have to work 40 hours a week.

💬 135　　　🔁 1K　　　♡ 9.7K　　　↑

（创业精神：每周工作 60 个小时，这样你就不必每周工作 40 个小时。）[4]

在这方面你会失败，我当然也失败过。讲笑话很难，因为它是三个层次中最主观的一个，为什么有些有效果，而有些没有，这会更难弄清楚。但是创建一个品牌就在于此——与你为客户创造的价值不直接相关的、模糊的、"软性"的东西。

想想你最喜欢的那些品牌以及它们是如何沟通的。耐克不是在卖鞋，苹果也不是在卖电脑。它们要么直击心灵，要么直戳笑点。你也应该这样。

但是永远不要忘记：虽然社交媒体魅力无限，而且通常能带来几百万用户的关注，但这不是你生意最重要的东西。我看到有数千万粉丝的创作者仍然在摸索，而只有几十个粉丝的人却一而再、再而三地赚到了钱。

这是因为社交媒体是"漏斗"的顶部。大部分人都是陌生人。他们中的大多数人还不是粉丝，而且几乎没有一个是客户。

你仍然需要转化他们。要做到这一点，你需要提高他们的忠诚度。

"漏斗"的中部：邮件和社区

不要称其为卷土重来。邮件从互联网产生的时候就存在，而且很可能会一直存在直至互联网时代终结。

推特、油管、照片墙和脸书可以通过调整算法、关闭账号或者让你付费才将你的内容显示在人们的 feed 中等方式随时拿走你的品牌。所以，即使社交媒体对于获得分销渠道非常有效，你也是在租用的土地上建房子。

这就是一旦你有了社交媒体粉丝之后，就应该开始创建一份电子邮件列表的原因。

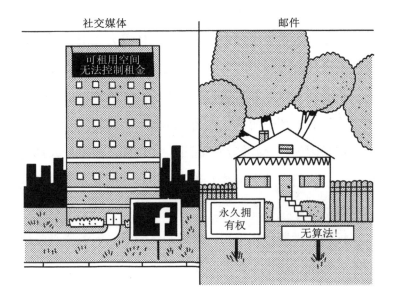

邮件是"点对点"的。它让你直线联系你的客户，不受私人公司、算法控制，也不取决于你是否在推广上花钱。而且如果你有某人的邮箱，这就意味着他把你视为朋友，而不是陌生人。

你当然不会给你的朋友发垃圾邮件，所以也不应该给这些人发。就像任何类型的内容创作所使用的方式一样，你可以将相同的三级框架运用到邮件中。第一，教学；第二，激励；第三，娱乐。理想情况下，你会三种事情都去做。

就像创建产品之前先创建流程一样，你的电子邮件列表的最初版本可能只是一份每天或者每周更新一次的电子表格，上面列出了你的朋友、家人、最早的客户或者社区里对你的产品表示过兴趣的人的邮箱。最终，随着列表越来越长且你需要将时间用于更有利的事情上（比如通过销售、社交媒体和内容让列表变长），你会想自动完成这一过程中的某些环节。

要做到这一点，你可以使用诸如 Mailchimp 或者 ConvertKit 这样的邮件营销工具，从你最忠实的粉丝那里收集邮箱信息。你还可以通过提供一些额外的东西促成交换，比如一份迷你版的电子书、一本简短的 PDF 指导手册、一段视频、一系列帮助他们解决某个难题的邮件或者某种检查清单。

尽管你可能不会有数百万的邮件订阅者，但是每一个订阅者的价值都远远超过一个粉丝。Gumroad 的电子邮件列表可能是我们产品之外最有价值的商业资产。20 多万名创作者订阅了 Gumroad 的内部简讯。当我们有重要的事情要说的时候（比如有一个可以让我们的创作者赚更多钱的新功能），我们可以告诉所有人，不需要经过任何人的批准。

（既然说到这里了，请订阅：gumroad.com/gumroad/follow）

过去多年，他们已经收到了我们的几十封邮件，而且还会继续收到，直到取消订阅。

你也可以通过其他方式鼓励人们订阅你的列表。前面我们深入讨论了如何使用社交媒体平台。下次你有一条病毒式传播的推文时，可以用一个可以订阅你的简讯的链接来回复它。如果你有更多的话想说，写一篇博文并与之链接。在底部，让人们知道可以订阅以获得更多内容。去读一读你最喜欢的博主的博客，我敢打赌你会注意到在最后的一个表格中，有免费附赠的东西，我们通常称之为"引导磁铁"。[1]

最后，在完成一笔交易的时候，几乎所有的服务都会允许你询问和收集客户的邮件地址，以及任何其他你想要获得的信息（比如他们的名字或者居住城市）。

有太多的创作者——也许是经过亚马逊的培训（亚马逊不向你提供关于客户的任何数据）——认为商品卖出去交易就结束了，并不把交易看作一场关系的开始。我们的

---

[1] 引导磁铁，英文叫 lead magnet，就是吸引潜在客户订阅的礼品。——译者注

营销方式可以让你建立一个受众群体，他们在购买你的产品前后都会一而再、再而三地收到你的信息。

要想将这种方法运用好，并使其最有成效，你需要经常联系你列表上的人。制订一份定期联系的计划，不管是每周一早上还是每周六晚上，甚至只是一个月一次。现在就选个时间——以后你可以随时改变主意。

你越坚持这么做，就能越早发现对你有用的东西。不仅是内容的类型，还有平台本身。你的客户把时间花在不同的地方，你需要找到他们。

如果你能做到每月推送一次内容有意义也更适合你的产品的简讯邮件，那么你就不必每周写四次博客。就像社交媒体平台一样，去尝试并摸索如何最大化地利用你的邮件列表。如果你发了一些内容出去，读者们纷纷取消订阅，那就不要再这样做了。但是，如果你提供知识、见解、经验和产品折扣，而且能够看到回应，那就反复这么做。

最终，你的业务会开始有机增长。你将不再需要将那块巨石推上山了。在你发现自己成功的同时，社交媒体算法会将你的内容推送给新的关注用户，你的读者会与他们的朋友分享你的博客帖子，你的客户会开始告诉其他人。你怎么才能让他们做到这些呢？创作更多他们想要分享的内容——帮他们教、激励和娱乐他们的受众的内容。

社交日历	星期一	星期二	星期三	星期四	星期五	星期六	星期日
Twitter	X		X		X		
YouTube			X				
Instagram					X		

劳拉·罗德是如何利用营销实现企业发展的

尽管我优先考虑社交媒体，但其他极简主义创业者却有不同的看法，比如 Paperbell 和 MeetEdgar（一种社交媒体调度工具）的创始人劳拉·罗德（Laura Roeder）。对于 Paperbell——她在 2020 年为私人教练创建的一款日程安排和客户管理软件，她决定采取搜索引擎优化驱动的内容营销来吸引受众。她很早就聘请了一位搜索引擎优化顾问，整理出一份反映她的目标客户搜索意图的关键字电子表格。最初她担心使用搜索引擎优化会影响 Paperbell 提供的资源质量和给教练的建议，但情况并非如此，反而帮她更专注于写作，并带来客户的有机增长。"搜索引擎优化的绝妙之处在于，它是一个长期游戏，"她说，"在你努力之后，它只会随着时间的推移越来越好。"

尽管她希望最终在脸书和照片墙上积极创建粉丝群体，但是目前她还是将主要精力用于定期博客发帖和产品更新邮件，她称这些邮件的内容是她最喜欢的营销文案。这个阶段 Paperbell 对软件做出的所有改变，都是针对客户要求做出的反应，所以更新邮件是一件让参与改进 Paperbell 的客户高兴的事情。"创始人们花大量的时间研究营销策略，"她说，"但是发现哪些办法管用的唯一方式就是尝试，看你是不是喜欢，看客户会不会有反应。"作为多家公司的创始人，她发现并没有一条适合每个人以及每个企业的正确道路，这一点让她感到如释重负。

她知道这一点，因为她在 MeetEdgar 和 Paperbell 这两个软件之间做出了改变。MeetEdgar 是她在 2014 年创建的一款社交媒体日程安排工具。因为这款软件需要花费一定的时间来学习和安装，所以她和团队没有提供试用的订阅服务。但从那以后，人们研究工具和考虑软件的方式在行为上发生了转变。

"免费试用就像桌上的筹码。"她说。新客户对营销信息不感兴趣，他们打开 6 个标签页，就想马上开始比较可选的产品。对于 MeetEdgar，她最初试过发邀请消息，但现在，MeetEdgar 和 Paperbell 都提供试用订阅服务。

劳拉笃定地支持从一开始就建立一份电子邮件列表。Paperbell 的列表来自她的第一批客户以及那些注册免费试用的人。她的网站上还有一个定期变换的引导磁铁，用于收集邮件地址。因为 Paperbell 是供个人而不是供团队选用的低成本软件，其规模不足以进行产品演示或者建立专门的销售团队去寻找客户，所以这个列表尤为重要。

"很多创业的人都认为他们必须开创全新的东西，"她说，"但一个成熟市场会让你的工作容易不少。"在人们网购的背景下，你的营销质量以及连贯性意味着你可以被人们注意到，而你不用总是创建与众不同的产品来对抗更大的企业。相反，通过耐心、有策略性以及持续性的营销，你就能将一款好软件以及一个好社区发展成一门有影响力、能持续经营的生意。

不到最后不花钱

关于百万美元融资或者亿万美元估值的新闻，其周期都是短暂的，针对的是有抱负的创业者，而不是像你的客户这样的人。通过那种方式来建立受众群行不通，因为一个刚成立几个月的初创公司，除了几个投资人投入了一些资金，实在没有什么可说的了。

　　你所看到的大部分企业的增长都是用钱买来的。所以，如果有人持续被媒体关注或者某些企业的飞速增长让你有些眼红，请记住，他们很有可能是在烧钱，以便获取客户并向他们承诺某种体验或者产品，一旦资金耗尽，这种体验或产品也会随时戛然而止。这是名副其实的不惜一切代价的增长。

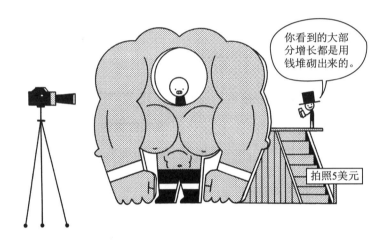

你看到的大部分增长都是用钱堆砌出来的。

拍照5美元

　　这不是在进步。你创建了你的生意来帮助你在乎的一群人，提供给他们的是你的产品，而不是你的广告创意。但是当这些才是公众关注的重点的时候，你很容易就会落入陷阱。你的产品并不是为所有人创建的，所以你也不应该试图去覆盖每一个人，这样成本太高了。如果你花钱的目的是获得粉丝、客户或者吸引眼球，那你就是在买广告，不管它叫什么。

这些广告有展示广告、社交媒体广告、报纸或杂志广告、户外广告、广播或者播客广告、直邮广告、视频广告、植入式广告、活动营销、网红营销、邮件营销等等。

这是一方越陷越深的泥潭。这也是为什么说尽可能晚地这么做很重要。理想情况下，你应该清楚哪些途径已经在起作用了。那个时候，也只有在那个时候，你才应该花钱去加快发展。

关于你品牌的故事应该围绕你的拼搏、你的客户、你的收获以及你这一路的历程展开。这会创造更多的粉丝。粉丝继而会成为你的客户，客户继而会宣传你的产品。

想清楚如何利用你的时间和目前拥有的客户基础去发展业务，这里还有另一个原因。依赖广告即使今天对你很有效，最终也可能会变得非常昂贵。新冠肺炎疫情加快了各行各业从传统广告向数字广告转变的步伐。[5] 从长远来看，广告成本会因此逐年推高。正如你不想让社交媒体公司影响你与客户的关系一样，你也不想让你的商业模式依赖向你提供低价广告的外部企业。你的营销功能越早像你业务的其他方面一样具有可持续发展的能力就越好。没有比一开始更好的行动时机了。

钱要花在客户身上

像 PayPal 和优步这样的初创企业，在早期花了数百万美元去补贴用户，以帮助企业实现增长。但这可能阻碍企业真正的发展。如果人们仅仅是因为经济上的回报才去分享你的产品，那这是不可持续的。

不要把客户忠诚计划视为营销手段，而应将其视为对忠诚客户的真正奖励。比如，你可以提供折扣给线上商业评论或在社交媒体上进行分享的人。

最后你可以去考虑从记者那里获得头条新闻的问题。但目前你暂时应该专注于如何从你的真实客户那里获得评价。一旦你的生意发展并具有持续发展的能力，你就可以在我第四章谈到的社区记者和小网络达人以外进行拓展。现在，你可以将你的产品免费提供给测评人和更有名望的网络达人了，也可以将你的产品样品提供给博主或将公司的独家信息提供给报道你所在领域的新闻的记者。但最重要的是，你可以只讲自己的故事，可以做自己。你曾为此辛勤努力，也挣扎过。你可以告诉他人，他们的努力以及挣扎也会有回报。

将你最好的客户招募为营销员，开胃酒品牌豪斯（Haus）的联合创始人兼联合首席执行官海伦娜·汉布雷克特（Helena Hambrecht）在这上面看到了巨大潜力。这是她和丈夫武迪（Woody，第三代葡萄酒酿造商）通过直销来推广自己的天然、低浓度烈性酒所使用的策略之一。

她和武迪没有钱投入付费营销和客户获取。所以从豪斯推出第一款产品开始，她就联系了自己的社区，向媒体和网络达人讲述自己的故事，争取他们的支持。她知道这些人会对公司的故事以及她在社交媒体上发布的内容感到兴奋，包括她自己的摄影技术。

因为预算有限，由豪斯来创作他们在社交媒体上推广需要的所有内容是不可能的，所以海伦娜坚信"把影响力交到顾客手里"。豪斯依赖用户生成的内容来制造口碑。用苹果手机拍摄的低保真度的照片和真实的客户声音传达了真实性，这是该品牌的一个标志，也是潜在的新顾客所看重的。

海伦娜说，关键在于建立关系，让贡献者感到被重视，给他们提供创造内容所需要的工具，这些内容不仅可以用于豪斯，也让他们自己感到骄傲。"营销不一定非得高大上才能产生影响力，"她说道，"但它必须真实。"尽管豪斯的确在广告上花钱，但她提到，只有在充满大量自然真实的评价的情况下，广告才能达到最佳效果。

我和海伦娜以及其他很多人都认为，这是让付费营销有意义的唯一方式。广告是任何为了推广某个观念、政治候选人、品牌或者产品而公开赞助的、非个人的东西。坏消息在于，我们仍然生活在一个大型企业花费数千乃至数百万美元去覆盖数千乃至数百万人的世界里，创业者要跟迪士尼、可口可乐、耐克等企业老练的营销部以及它们的广告公司去竞争。

尽管科技还没有让竞技场变得完全公平，但它已经让广告的竞争更公平。购买广告的地方越来越多，只是受众相对较少。而你的目标越精准，你的花费也会越少。这对预算没有 500 强企业或者风投资助的初创企业多但拥有忠诚且精准的社区的小企业，是个好消息。

你可以在 Yelp 或者照片墙上做广告，选特定的地理位置或只对（举个例子）约翰·辛格·萨金特（John Singer Sargent）的油画感兴趣的人。如果你在卖一门教大家如何像 19 世纪末 20 世纪初的印象派画家一样画人体画的绘画课程，那这么做会卓有成效。

很多对这些事情感兴趣的人仍然不会对购买你的产品或服务感兴趣。很多喜欢冰激凌的人不会买你的冰激凌。他们可能不食用奶制品，或者只是在约会之夜吃冰激凌，或者可能更喜欢看冰激凌而不是真的想吃，或者曾经每天都吃冰激凌，现在正在忏悔中。

你不需要一个完整的营销部门，只需要一个脸书账户。有他们的帮助，你每周花上数小时就能与世界上那些最大的品牌去竞争。

利用相似的受众群体

我已经谈了由于软件和互联网的原因，你能够利用广告获得成功的范围每一天都在缩小。在你上网浏览的时候，脸书和谷歌这样的平台会收集关于你习惯的数据。它们知道你需要什么、想要什么以及喜欢什么，甚至还能预测你明天会需要什么、想要什么、喜欢什么。不管是好还是坏，这已经不是什么让人意外的事了。

收集和使用客户数据是一种被广泛接受的策略，但还是不可避免地会引发有关互联网隐私的问题。最开始我就说过，极简主义创业者应该卖产品给用户，而不是卖用户。在实际操作中，这意味着创建一款能够为客户解决他们真正问题的产品，只卖给已经对你的产品产生了深度信任的客户，只使用你的电子邮件列表向那些选择加入的人发送重要信息（而非垃圾邮件）。

这个逻辑也适用于广告。如果你选择在广告上花钱，那你就应该以令客户感到满意的方式来做。这有一个额外的好处，即你可以花较少的钱来覆盖每一个新客户。

在 Gumroad，我们不会付费以获取客户，原因有三个方面：（1）我们可以直接联系创作者；（2）创作者对 Gumroad 的使用帮助我们让其社区意识到 Gumroad 的存在；（3）Gumroad 目前的增长速度令我比较满意。但付费广告对于其他一些创业者可能是宝贵的工具，比如销售高质量消费品的人。尽管如此，你应当留意，用户在接收精准推销的广告时会遇到真正的数据隐私问题。最终，你必须判断付费获取客户是否适合你和你的业务。

如果你真的决定花钱获取客户，你会很高兴自己等待过。这是因为你会更清楚谁才是你真正的客户，以及还有哪些人可能跟他们相似。

例如，你可以付钱给脸书进行咨询，询问他们是否正好认识与你的客户非常相像的人。这些人被称为"相似受众"（lookalike audiences），脸书将其描述为"因为跟你最忠实的现有客户相似，所以可能对你的产品感兴趣的新的人群"。

你可以告诉脸书"请告诉那些与我现有客户最相似的人，我存在"，而不是购买广告来瞄准大片人群，那样既浪费他们的时间，也浪费你的金钱。

每个企业对这类广告的叫法都不同，比如 Pinterest

称其为"寻找行为相似受众"。如果你决定在这上面花钱，这是一种很好的开始行动的方式。但是请记住，随着时间的推移，这种精准营销广告也会变得越来越昂贵，很可能让一个之前能够持续发展的企业变得无法维系。

我可以一直讲下去。虽然做广告的方式有上百万种，但你应该少（最好永远不要）让自己处于一种需要做广告

的境地。一个主要通过有机增长建立起来的企业，从最开始就能够持续经营，随着严重依赖付费广告的企业开始步履维艰，它持续经营的能力会更强。

与其花费金钱，不如花费你的时间。跟受众建立起联系，拥有一群为你宣传的客户，然后再考虑投入一些利润来稍微扩大自己的视野。如果能这么做，你的企业就能够维持一种精简的规模，以一种舒服的、不会超负荷的速度发展。

付费营销，绝对不能妨碍真正重要的事：跟客户沟通，出售你的产品。

漏斗底部：销量

营销的最终目的就在于向客户卖出你的产品，大规模地卖。好消息是：你在这方面已经有了大量的经验。

这就是为什么关于漏斗的这一部分的讲解非常简短扼要。你已经完成了创建一款产品、找到最初的客户并且确保自己解决了他们的问题等繁重的工作。现在，你的营销方式开始吸引下一批客户，在做这一更具扩张性的工作时，你可以尽情享受你的劳动成果了。

关键要点

- 营销不是为了制造头条新闻，而是为了制造粉丝。

- 从教学开始，再去激励、娱乐。这三个级别的内容，每一个都比上一级别更有影响力。

- 付费推广行得通，但也有不足之处。如果你的确决定花钱，尽可能等到后面——你会更清楚自己想通过哪种方式覆盖哪些潜在用户。

了解更多

- 杰伊·康拉德·莱文森（Jay Conrad Levinson）的《游击营销》(*Guerrilla Marketing*)。

- 奇普·希斯（Chip Heath）和丹·希斯（Dan Heath）合著的《让创意更具黏性》(*Made to Stick*)。

- 丹尼尔·瓦萨洛的视频课程。

- 我在 Clubhouse 上写的一篇关于如何发展受众的指南。请查阅 room.club/tips。

第六章

有意识地
跟企业一起成长

生活就像骑自行车，为了保持平衡，你必须持续前进。[1]

——阿尔伯特·爱因斯坦

在这一章，我们将谈论在你已经盈利，并且拥有一个有机增长的客户群之后会出现的情况。对一些读者而言，这部分内容与你们此刻的状态正好相关，即使还没有走到这一步，你也不要跳过这部分内容。如果你现在就能够开始思考如何可持续地发展，同时避免一些创始人最常犯的错误，那么你会少面临很多心力交瘁的时刻。

你可能正在为自己和家人挣得一份体面的收入，从理论上来讲，你和你企业的创业旅程可以结束了。但对于很多人而言，包括我自己在内，重点并不是为了创建一门休闲生意，在某个地方的沙滩上享受退休生活，然后就此结束。每一个创始人让企业发展的原因都不尽相同。虽然我在 2019 年已经完全接受了 Gumroad 没有成为独角兽的结局，但仍然在继续投入精力发展这个平台。首先，在一个不断改善的项目上工作很有趣，令人感到满足。其次，为我们的创作者找到创造价值的新途径的感觉很棒。

坦白说，原地踏步行不通。世界在不停地发生变化，我们以及我们的企业必须随之变化。逆水行舟，不进则退。你无须疯狂地发展你的企业，但你也不要让它停滞不前。

我在很多企业都看到过这种情况。他们解决了问题，变得自满，数年来客户不断流失，所雇用的人也不再激情满满。不过，成为一名极简主义创业者，不仅意味着你拥有一家你不会被其"绑架"的企业，也意味着你拥有一家自己想要持续经营的企业，即使你不亲自去经营。

这个阶段真正的问题在于：我怎样才能有目的地发展这个企业，同时不危及我为客户带来的影响，或者破坏我所创造的生活？表面上看来，当你开始看到成果的时候，继续在这条路上走下去似乎很简单。但是缓慢、持续的增长本身就是一种挑战，需要三思而后行。

企业倒闭不太可能是各种无法预见的不幸事件的降

临导致的。相反，它通常是由几个相同错误中的一个或者多个导致的：仓储以及办公空间过度开支，太快招人，联合创始人内讧，等等。我会讨论如何避免这些错误，以及如何应对它们，因为即使你试图避免这些错误，它们中仍有一些可能出现在你身上。

我们需要警惕两类自己造成的错误（或称"主动失误"）：第一类与资金耗尽相关，第二类与精力耗尽相关。

让我们从一些基础的经济学知识开始谈。

不要过度开支

商业中最重要的一个等式就是：利润＝收益－成本。

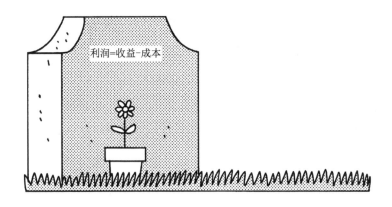

这看上去非常简单：赚的比花的多，你的企业就能够永远屹立不倒；赚的比花的少，你就终会失败。

但你会诧异地发现，创始人经常忽略利润率（也就是持续发展的能力），而专注于产品开发、增长、招聘以及其他种种事情，直到资金耗尽。YC 公司的创始人保罗·格雷厄姆可以根据一家公司"默认存活还是默认死亡"（default alive or default dead）立即对其规模做出评估。[2]如果开支和营收保持不变，公司会存活还是死亡？令人难以置信的是，与他交谈的创始人中，有一半人不知道这一问题的答案。

根据格雷厄姆的经验，创始人不知道答案的原因是，他们认为自己不需要知道。他们指望着投资人在情况恶化的时候"嗖"的一下飞过来拯救他们。但如果你是靠一己之力创建企业，你必须关注自己的资产负债表，因为没有人会来将你从错误中拯救出来。

下面我讲显而易见的一点。你应该已经从你卖过产品的 100 个客户和用我在上一章介绍的营销方法获取的客户那里获得了收益。所以，如果你现在已经赚了钱，你应该能够通过只关注等式中唯一留待讨论的部分来保持盈利的状态：成本。

成本有两类：第一类是变动成本，在实体行业中，变动成本包括直接人工费用、包装、原材料等成本。对 20 世纪 90 年代的软件公司而言，变动成本并不是零，因为软件都是刻制到 CD 上，再在零售商店进行售卖。

从那以后，情况发生了很大变化。在互联网上"交付"电子产品几乎免费，而且互联网使线上收款变得更经济实惠。例如，我们在 Gumroad 上收入的每 1 美元中，会产生 40 美分，也就是 40% 的变动成本。这 40% 包括手续费、网络托管成本、其他基础设施成本、欺诈预防（帮助人们进行网上交易的必要措施）成本。

剩下的 60% 也不是纯利润，我们还需要支付第二类成本——固定成本。固定成本并不随着收益和售出的产品呈线性增长。它包括从域名到某些线上服务等方面的开支，但并不是我们或者大部分公司的主要开支，不管是不是极简主义企业。固定成本中占比最大的部分就是人力成本。

下一章，我们将更多地讨论将人力带入你的公司意味着什么。但现在姑且说，员工以及他们的设备、所需要的办公空间、网络、办公区域的保险、冰箱里的零食、电费等等会花很多钱，这也理所应当。你要按照下面几点来做。

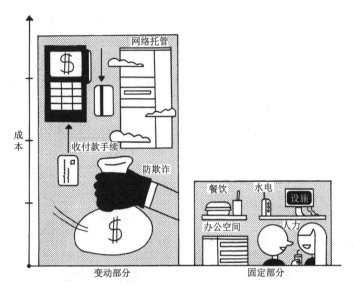

给自己开工资，能少则少，至少最开始这样

你是创始人，同时也是第一个员工，这样看待自己。不要想着拿分红，而要给自己一份年薪，哪怕只有 1 美元，然后在你能够承担得起的情况下逐渐增加。这会促使你亲力亲为，将你的体系都搭建起来，从而让你能够对企业经营而不仅是售卖产品到底需要多少资源了如指掌。

如果你担心能否维持生计的问题，我理解。这也是我为什么一再建议，在刚开始时把创业当作副业，利用你的时间、精力和各种点子，将生意扩大到具有盈利能力之后再辞掉你的全职工作。然后，你可以在利润允许的情况下给自己发工资。以我为例，Gumroad 开始有效运转的时候，我每年给自己支付 36000 美元，刚好够我在旧金山的基本生活开支。数年来，我提高了我的薪水，但是将其与 Gumroad 最低收入人员的薪资水平挂钩：先是 60000 美元，然后提高到 85000 美元。2015 年，Gumroad 没有按照预期的情况发展，一度陷入混乱，当时我有一段时间没有领工资。现在，我每年给自己发放 12 万美元。

归根结底，你应该尽可能地减少公司开销，但同时也要记住，你的目标是给自己提供足够的收入让自己能够专注于重要的问题——帮助客户解决他们的问题。

雇用软件，而不是人力

人力非常昂贵，但软件不贵，这通常是因为很多软件公司都由风险资本以增长的名义提供补贴。利用这一点，你可以用 Pilot（火山引擎）或者 Bench（一个通用的延迟基准库），而不是聘请一位会计或者首席财务官。使用 Gusto 软件可以在 5 分钟内解决薪酬和福利管理的问题。因为推迟招聘，你还会省下与人员管理相关的所有岗位上的开支，比如人力资源人员和办公室经理（见下文）。使用便宜的软件工具能为你带来的效益可能会让你大吃一惊。例如，你可以雇一个人，在每次有人订阅你服务的时候跟进新客户，也可以使用像 Zapier 这样的自动化工具来发跟进邮件，并将这些新客户添加到清单中供以后打电话用。

别使用办公室

新冠肺炎疫情之前我就相信这一点，而现在，无数人都相信这一点。使用办公室会产生令人难以置信的大量相关成本，而且你还不得不去管理它。除非你真的需要，否则不要使用办公室。（如果你真的想，可以以后使用，作为对创建了一个有意义、能够持续发展的企业的奖励。）

正如 Shopify（加拿大电子商务软件开发商）创始人兼首席执行官托比·卢克所说，由于新冠肺炎疫情，大量公司都开启了"数字化默认"模式[3]，但其他公司，比如 Upwork（一家大型综合类外包平台），通过分布式团队一直在蓬勃发展。无论怎样，谷歌、微软、摩根士丹利、摩根大通、美国第一资本金融公司、Zillow（美国的一家线上房地产公司）、Slack、亚马逊、PayPal、Salesforce（美国一家客户关系管理软件服务商）等这样的巨头以及其他大型公司，也在 2020 年之后延长了员工可以选择在家办公的政策。[4] 所以，如果它们都不需要办公室，你很可能也不需要。

不要搬去硅谷

即使在 2020 年之前，我也会说："不要辞职，不要搬去旧金山，不要 pass Go，不要（从风投那里）领那 200 美元！"① 毕竟在旧金山，生活工作成本非常高，交通拥挤，不是养孩子（甚至是养狗）的好地方。后疫情时代，远程办公是新常态，也就是说你能够待在原地不动。YC 公司的前首席执行官萨姆·奥尔特曼（Sam Altman）说，他"很欣喜地看到，旧金山不得不与其他城市竞争了"。⁵ 我也有同感。在较小的城镇或城市创建企业不仅成本更低、竞争更小，而且对当地社区也更好，正如我们所了解的，当地社区能够为你的企业带来好处。

把一切都外包出去

所有的工作都由你一个人来做，每天都是如此——目前是这样。之后，就由软件来做。最后，你和你的机器人部队就会达到最大负荷，这时你就需要帮助了。但在聘

---

① 原文为 do not pass Go,do not collect $200，源自《大富翁》游戏。游戏转盘的 Go 这个方格上写着 "collect $200 salary as you pass Go"，即玩家如果经过这一方格，就可以领取 200 美元。但如果拿到的卡片上写着 "Go directly to jail. Do not pass Go. Do not collect $200"，那玩家就可以不经过 Go 这个方格，直接进入 Jail 这个方格，同时也不能领 200 美元了。这句话一般用于强调，让某人必须做某件事或者去某个地方，不可延误、不能分心或偏离目的地。——译者注

用你的第一个全职员工之前，先用一个自由职业者。我的意思并不是让你用低于他们应得报酬的工资来剥削善良勤劳的人，而是说要雇用打算创业或者其他可能成为极简主义创业者的人：为他们提供在一个运转良好、能够盈利的公司里学习的机会，给他们丰厚的报酬，给他们一个在赚钱的同时，可以按照自己喜欢的方式安排其他时间的机会——甚至可能创建他自己的极简主义企业。

如果你能使用这些技巧，让你的成本低于收入，那么你的生意就不会倒。更好的是，你将有值得保持下去的东西：一个服务于客户的能赚钱、可持续、发展中的企业。你创建的东西是否有价值不再由市场决定。现在，由你决定要不要失去它。

（这一点可能看上去有些难以理解。为了帮助大家，在本章结尾"了解更多"的资源中，我提供了包含 Gumroad 所有成本的实际损益表，以及一些更简单的例子。）

上一章，我描述了多恩一家是如何利用油管将密苏里之星床品公司从一个步履维艰的机器绗缝夫妻店发展成一个全球性的绗缝帝国的。现在回过头来看，密苏里之星的成功似乎是注定的，但在最初，企业能否成功甚至能否生存下去并不明朗。"我们用了 4 年的时间才赚到钱，才开始给自己发工资，"艾尔·多恩说道，"那时什么事情都是自己来，包括翻新我们买的楼。在这么做的同时，我们慢慢弄清楚了哪些事对我们的客户和企业都有帮助。"

对密苏里之星来说，好消息在于，密苏里州的汉密尔顿与硅谷或其他人力和房产等成本高昂的市场比，维持较低的成本容易得多。艾尔说："我们从一个 5000 平方英尺（约 464.5 平方米）的店做起，当时觉得这个店可以永远用下去。"但最终他们不得不将公司的仓储分割到多个店铺，用来存放各种专门的布料、缝纫工具以及装饰材料。随着密苏里之星不断扩大，"零售仓储模式"（在实体店工作的员工也履行线上订单）开始出问题，因为无法同时应对线上和线下的订单。

解决方案显而易见，但也很可怕：为了满足客户需求，密苏里之星不得不将零售业从其线上业务中分离出来，这意味着新的仓库、更多的库存，以及更多的员工。作为极简主义创业者，艾尔和他的家人都很担心企业的变动成本是否会激增，但是因为密苏里之星已经盈利，而且它的收入每年都在增加，他们有信心（以及资金）支持企业的扩张。

艾尔也有足够的经验，知道逃避发展、试图保持紊乱的体系并不是一个好主意。"直到有 150 名员工的时候，我们才招了一位人力资源人员，"他说道，因为付钱给一个人来做他已经做了很多年的工作会感觉有些浪费——"即使（自己）之前做得很糟糕。"在发生了几次事故并在一位有 HR 背景的朋友干预之后，他才意识到在 HR 上投资是值得的："否则，你就要做好几份 8 小时的工作。"

密苏里之星除了对多恩一家有重要意义，也改变了其总部所在的那个小镇的面貌。2019 年，当珍妮·多恩被问及密苏里之星给社区带来的影响时，她说，"最开始，我以为我们只是做点缝纫的活儿"，但是现在，他们雇用了 400 人，除了发展密苏里之星，还成立了一家缝纫公司、一家针织公司和一家艺术公司。"这个阶段，我们的想法比我们的楼还要多。"珍妮说道。[6]

多恩一家的故事给极简主义创业者提供了很多不同的经验。虽然企业增长是目标，但它本身就具有挑战性。很多时候，拥有大量人才和市场潜力的企业陷入困境，并不是因为产品或者客户，而是因为企业经营过程中不怎么光鲜亮丽但又十分关键的部分：运营、财务、人力资源、法务。在为了豪赌一掷千金的风投界，人们的兴致经常过于高昂，毫无节制地安排各种福利，比如台球桌和免费的食物。

不要被一个"成功"的企业应该呈现的样子所迷惑。

继续做那些有效果的事，废止或者改进那些不起作用的流程。而且，始终、始终、始终要关注数字，倾听客户的声音。

专注于客户的需要

你应当反复使用的音叉 ① 非常简单：你的客户。

你的客户想要的不是你的企业更大和发展更快，不在乎你多么有钱或者是不是在《福布斯》"30 位 30 岁以下精英"榜单上，也不在乎你从哪些风险投资家那里融资，或者你有多少名员工。他们希望你的产品得到改进，希望你的生意能坚持下去。就这样。

关于这一点，亚马逊有一个很好的思维方式：在亚马逊总部的每一次董事会上，都有一把空椅子。这个座位代表客户以及客户的声音。所以，亚马逊开发、创建的每一种产品，都经过了客户的仔细审查。而审查方式就是会议室里的人把自己置于客户的角度提出问题：这个产品为什么对我重要？它能带来什么价值？我真的需要这个服务或者产品吗？

---

① 音叉一般用于为乐器调音，作者用音叉来做比喻，表示企业的发展方向要按照客户的要求或者反馈来调整，就像乐器用音叉来调音一样。——译者注

尽管我们不是在试图创建亚马逊，但如果你掌管着一家刚开始赚钱且处于增长中的极简主义企业，这种态度更为重要。杰兰尼·莫里是一名有六个孩子的非洲裔美国人，是圆圈传媒（Circle Media）公司以及一本关于……的儿童读物（A Kids Book About）品牌的创始人，拥有 4 个白色人种孩子和 2 个棕色人种孩子。在这样一个混血家庭里，他发现自己不可避免地要跟孩子们在桌前讨论种族主义的问题。莫里决定用孩子们可以理解的语言，为自己的孩子写一本书，讲讲他与种族主义有关的经历。

这本《一本关于种族偏见的儿童读物》（*A Kids Book About Racism*）非常简单，没有插图。他非常自豪地设计并印刷了一本，完成它用了 4 周时间。这为他与自己的孩子讨论一些艰难的事情提供了一个起点，当他自豪地向其他朋友和家长展示这本书时，很多人都想为自己的家庭要一本。尽管正处于圆圈传媒 B 轮融资的时刻，但成立一家出版企业的想法在他脑海中挥之不去。直到 2019 年 1 月，他通过谈判达成了退出协议。

在那一时刻，他开始将自己关于童书的想法告诉认识的每一个人——这些都是他早期的潜在客户。在看了他们的反应，并感受到"人们脸上的表情所透露的可能性的力量"之后，他完善了这个业务，也证实了他的一个更大的项目（即出版具有挑战性也赋予人力量的话题的童书）的价值。

这种力量让他从早期的挑战中坚持了下来，包括学习基础的出版知识，以及如何管理库存等。2019年10月，他推出了"一本关于……的儿童读物"系列产品，共有12本书，这个系列的图书销量一直稳步缓慢增长，直到2020年5月。2020年5月25日，乔治·弗洛伊德（George Floyd）被警方杀害的第二天，莫里说道："这套丛书的销量就与之前一个月的总和一样多，而且增长也没有放缓，接下来的一天，销量翻了一番，之后一天又翻了一番，而且非常稳定。所以，在10天的时间内，'一本关于……的儿童读物'系列图书的收入就超过了100万美元。"[7] 他们的库存本来计划维持到年底，但是，除了其中的两本，其余的书都卖完了。

这些销售数据让莫里对他所提供的产品更有信心，也让他确信，在不断变化的世界中实现增长是可能的。他说："人们有一种误解，认为在有金钱或投资的情况下，才可以用传统且昂贵的方式做一些事情，但并不是这样。这与产品、营收以及受大众欢迎的程度有关。最重要的是，客户的喜爱才是你成长的关键。"

如果你一直专注于怎么做能提高销量，什么能使客户兴奋，那么你就会知道如何增长，它们会告诉你。如果你在行动时多加注意，那么即使偶尔糊涂出现主动失误，你的客户也会在你注意到之前就早早地教你如何回到正轨。

最后，对于一些关键的事情要尽心尽责。在业务增长，被胜利冲昏头脑的时候，很容易就采取草率懈怠的做事方法，但也是在这样的时刻，对如何花你的时间和金钱最需要有原则。不仅因为这对你的利润会有影响，也因为没有什么比法务问题或供应链中断能更快地让企业发展戛然而止。

薪水要按时发放，而且要规避那些可能让你"沉船"的任何法律、财务或者运营方面的问题。供应商要录入系统并及时付款。IT 安全问题要严格防范，尤其是在涉及用户隐私的时候。你需要经营一家良好、廉洁的公司，在员工、供应商以及客户中建立并维护你的声誉。尽管如此，这些领域中极有可能有某个或者某些方面处于你的经验范围之外。你甚至不具备聘请专业人员提供帮助所需要的基本的相关知识。没关系，我们将在下一章更详细地讨论招聘的问题。

在讨论招聘问题之前，有一个好消息：你的客户可以将你与能帮助你的人连接起来，尤其是你坦诚地告诉他们你需要什么的时候。因为客户使用你的产品，想要让产品更好，他们已经有了支持你的理由。而且，让他们更多地参与到你的成功中来还有一个办法——把他们变成老板。

从你的社区筹资

发展企业，即使是极简主义企业，在某个时刻也可能需要资金。一旦你清楚如何花钱来改善你已经拥有的那些客户的生活，筹集资金就非常合理。比如，Shopify 和 1Password（一个管理网站登录和敏感信息的应用）在创建了几年之后开始融资。由于开始融资的时候两个平台都已经盈利，所以他们得以维持自己的愿景，防止股权过度稀释，并保持对企业的控制权。

如果你选择通过风险资本融资（可以联系我！ shl.vc），盈利能力会在这些谈判中为你提供优势。但是，筹集资金还有新的方式，能够保留你的所有权并赋权于你的客户。

我指的不仅是新的风险投资基金，比如淡定公司基金（Calm Company Fund）（披露一下：我是投资人）和小种子基金（Tinyseed Fund），这些基金希望投资更具有持续发展能力的，或是极简主义的企业。它们在创建具有更高成功率的投资组合，以避免为了找到可以返还其全部资金的企业而过度优化。但是它们远非常态。

我在这里主要谈的是一种从你的客户和社区筹资的全新方式：众筹条例。

2012 年，时任美国总统奥巴马签署了《乔布斯法案》，使其成为法律。这个法案与其他各种措施一起，使像 Gumroad 这样的私营企业能够向公众出售股票，任何人都有可能在企业投资。2021 年 3 月 15 日，众筹条例的法定限额从 107 万美元提升到 500 万美元。这些新规还允许"试水"，让 Gumroad 这样的企业在进行股权众筹之前，看看市场对企业的投资需求有多大。

我认为，众筹会改变融资界的格局。风险资本家始终会有一席之地，但为一家企业提供资金，谁能比企业的客户更好？谁了解企业产品或者服务的价值？而且，一旦创始人能够在开展众筹之前核实市场需求，我们应该会看到相关数据飙升。

传统融资方式最大的问题在于，你创造了两组不同的利益相关者：你的投资人和你的客户。这种新的方式能够使创业者通过将客户转化为投资者来尽可能地降低情况的复杂性。突然之间，你有了一个你在服务的群体：你的社区。

我可以从自己的经历出发谈一谈。2021 年 3 月 15 日，我使用股权众筹的方式允许 Gumroad 的一部分创作者成为平台共有人。在 12 个小时内，我们从 7000 多名个人投资者那里筹集了 500 万美元的资金。现在我们的几千名创作者也成了我们的投资人，让我们的利益更加一致。

对于那些既不需要完全凭己之力，也不想走风险资本支持道路的企业，我希望众筹条例可以提供一个中间地带。但是我们的终极目标是盈利能力（即可持续发展的能力）。你一旦掌握了自己的命运，就永远不要轻易放手。

建立盈利自信

我反复说过，盈利能力对你的企业而言是最重要的指标。这是因为盈利能力是一种超能力。如果你像我们开始时一样依赖风险投资获取资金，那就是在依靠外部力量来获取成功。当他们拔掉电源，你就断电了。你的备用发电机会维持一段时间，然后也会耗完。

盈利能力让你脱离电网，在无限的跑道上有意识地发展企业。你可以慢慢来，考虑周全之后再做决定，按照自己而不是别人的节奏朝着正确的目标前进。就像海豹突击队说的："慢就是顺利，顺利就是快。"

视频和播客营销平台 Wistia 的首席执行官兼联合创始人克里斯·萨维奇（Chris Savage）将这带来的坚定感称为"盈利自信"。2017 年，萨维奇和他的联合创始人布兰登·施瓦兹（Brendan Schwartz）意识到，他们为了快速扩张和增长所做的努力不仅让他们的工作在创意上变得不再那么有趣，还让他们不再盈利。通过放慢脚步，他们想清楚了如何再次相信自己的直觉——而且最后比以往任何时候赚的钱都多。

对 Wistia 而言，盈利自信意味着萨维奇和施瓦兹知道，不管做什么，他们都会活下去。这让他们能够按照自己的节奏去实现一些想法，从而拥有自由，并不是每一件事都需要立即有效果（甚至根本不需要有效果）。他们如果想要尝试新的东西，也不用再拿公司做赌注，对于某些事情的结果，他们也可以等上数年的时间。

这种感觉棒极了，因为你能够真正把资金投入到你认为能给客户创造很多价值的东西上，而不是让营收增长数据尽快有所改变，以便能够筹集继续走下去所需要的风险资本。

在有盈利能力的时候，你可以不慌不忙。你可以与客户交谈，在试图解决他们的问题之前确保自己真正了解这些问题。然后，你可以反复迭代你的方案，直到对它真心满意为止——即使你会花好几年。你甚至可以像我们经常做的那样，不断地将方案展示给客户并获取他们的反馈。

因为你是依靠自己的动力在跑，你的跑道可以让你无限跑下去。只要你不做傻事，品牌就不会倒，产品就不会废。这意味着你需要慢慢招人，不要野心勃勃。你也应该避免做出一些不可逆转的决定，比如找一个有多年租约的办公室。慢慢行动意味着你能够更周全地交付产品，因为你会有时间和空间去了解自己、你的客户以及你的市场。它也会让你看清前方的道路，当产品和系统出现漏洞时，让你能在对客户造成影响之前就发现问题。你可以在内测中与客户一起测试你的软件，或在等待名单后面测试。你可以确保软件在发布给更广泛的人群之前已经足够好。这样，你的客户会欣赏你对软件做出的每一次调整，并继续喜爱你的产品，不用担心伴随着软件迅速更改和仓促决策而来的各种错误。

与联合创始人充分交流

即使你的产品经营得很好，不用担心失败的问题，也还有一个故障点需要解决：你。虽然你的企业不会花光资金，但你可能会耗尽精力。

联合创始人之间的斗争，是让你损耗热情并失去动力最快的几种情况之一。保罗·格雷厄姆认为，创始人有分歧很常见，这种情况中，20%会恶化升级，直至一位创始人离开。[8]

没有人是奔着离婚去结婚的，而且大部分联合创始人也不会料到事情会不成功。但是归根到底，关系就是关系，如果可以，将个人关系的框架运用到职场关系会很有用。

著名的治疗专家约翰·戈特曼和朱莉·戈特曼是一对夫妻，他们通过"启示录四骑士"（开始出现在一段关系中的四种沟通方式）来预测关系的结局：（1）指责，（2）鄙视，（3）辩解，（4）冷战。[9] 有些创始人直面问题，成功处理了他们的冲突，并最终重新发现了共同的目标和使命，有些人却从来没有成功过，一位创始人只得离开。

指责

鄙视

辩解

冷战

在创业圈，这种结局也不一定是坏事。初创企业"迅速失败"的情况是被鼓励的，而创始人常常随着创业点子的起落周期而穿行于不同的团队。

有人说："跟联合创始人决裂比跟配偶离婚难多了。"这句话不无道理。所以如果你想尽可能地提高创业成功的概率，就把与联合创始人的关系当作婚姻来对待。在与人长期合伙创业之前，请考虑以下几点。

- 不要与他人建立关系，除非你真的信任他们。
- 一定要引进分期发放期权的机制，这样你们每个人在几年的时间里都可以获得股票。
- 确保你们的价值观一致，对想要创建的东西以及创建的方式有统一的想法。
- 不要忽略你们中可能有人离开的可能性。为成功地退出企业做好安排。
- 尽可能地"丑话说在前面"。就跟在没有弄清楚他们想要的是否就是你想要的东西之前，与某人做出5年的约定没有意义是一样的道理。在任何严肃的职业关系早期，相互探讨、理解创始人彼此的价值观和抱负非常重要。因为你等的时间越长，"丑话"就越难以沟通。这里有一些值得向潜在合伙人提出的问题：

    - 开心的合伙关系是怎样的？
    - 这份生意如果成功会是什么样子？
    - 退出合作会是什么样子？

- 我们想要以多快的速度发展?
- 我们为什么要一起创业?

反复进行这些艰难的对话,思考有哪些可以重新评估这些目标的具体方式,防止分歧悄无声息地恶化,不管你们计划走哪条路,确保达成共识。

保持精力充沛,保持理智

在传统观念里,初创企业的创始人分为两类:一类是经营一门休闲生意,整天在海滩上懒洋洋地打发时间;另一类是每周 7 天,每天 24 小时全在工作,只有在绝对必要的时候才停下来吃饭或者睡觉,牺牲锻炼、休息、家庭、户外活动,以及生活中所有能够带来快乐和滋养的东西。

在这两个极端之间,有大量的中间地带,就像你的企业需要调整,发展才不会停滞一样,你个人也需要如此。如果我说一个极简主义创业者并不需要付出很多努力,那就是在撒谎,但是它又不必是一个要么全有要么全无的命题。

我可以从自己的经历来说,因为我曾经好几次改变了对 Gumroad 的期望。在 Gumroad 最初的几年,我在追逐独角兽。然后,我缩小了企业规模,瞄准了盈利能力。

现在，这是我在做的几个项目之一，就像这本书一样。一般而言，我不会因为我的生意太开心，也不会因为它太伤心。但走到今天我花了好多年，而且想要在 Gumroad 工作的人在每个阶段也都非常不一样。我基本上不得不从头开始建立整个团队。

当不计一切代价追求规模的时候，你很容易逃避这样的思考，也很容易证明其合理性：你在全心全意地关注企业的成长，而这些思考从短期来看，对增长没有帮助。但是，从长远来看，当你的企业像所有企业一样不断发展变化时，你需要去进行这样的思考。否则，它们会在你毫无防备的时候出现，那个时候，就没有那么有趣了。

需要明确的是，这并不是要为了让业务运作而降低你的抱负。而是要将你为自己和企业设定的抱负与客户的抱负统一起来。因为我并不是在试图不计一切代价地建立一个 10 亿美元级企业，所以我现在的关注点在于创造更多的创作者和企业老板。

坦白地说，并不是你努力企业就能发展得更快。我曾经连续数年每周工作 60 个小时，也曾经一周就工作 4 个小时。不管怎样，Gumroad 都以自己的速度增长，与我工作多少个小时似乎并没有什么关联。我认为你也会发现这一点：你的企业会以你的客户所决定的速度增长。对我们而言，这一数字在 2017 年是 15%，2018 年是 25%，2019 年是 40%，2020 年同比增长 87%。

它教会我要保持谨慎，不要认为自己总是需要做更多、赚更多，或者增长得比自己需要的更多。一旦我接受了我并不能控制每一件事这一现实，往前走就更轻松了。我不用去假装自己是产品远景家①，拼命去创建一个 10 亿美元级大企业——就像这是自己能控制的一样，我可以一心一意地让 Gumroad 为了我们现有的创作者而变得更好。

有人说，你必须让公司疯狂地增长，因为"如果你不变大，别人就会吃掉你"，就仿佛公司是鱼一样。

这是不对的。绝大部分小企业从未被吃掉，大鱼想吃的是其他的大鱼。事实上，世界上生存最久的企业也是一些小企业。它们是餐厅、旅馆、工程公司等等。它们中很多都是家族企业或者中小型企业，对自身所处利基市场的稳定增长，以及一代又一代热心的客户群心满意足。这是值得向往的！

也许你已经知道这一点，也许你渴望创建的就是这样的企业。如果是这样，我很高兴。但刚开始的时候，这一

---

① 产品远景家，英文 product visionary，意指经常在媒体中出现的那些想出其他人想不到的好产品点子的人，他们设想出的产品最后要么获得病毒式传播的成功，要么解决了市场存在的某种需求，通常给人一种洞悉产品–市场最佳契合点的大师的感觉。——译者注

点对我来说并不是很明确，现在我看到这些观点在社交媒体、头条新闻以及电视上很普遍并经常出现。

最后，还有一条经济学的经验：天下没有免费的午餐。一旦有了钱，你会面临一些去挥霍的压力。在开始花客户的钱时，你要牢记我们这一章所谈到的经验教训，确保把这些钱当作自己的钱来对待。不要疯狂招聘，处于困境的时候再去招。别去找一个华丽的办公室，你可以找一个华丽的咖啡馆办公。当真花钱的时候，想想它对你成本以及跑道的影响。

到这个时候，你对于企业如何继续发展和增长已经有所了解。你已经准备好了，可以开始招人，并在公司内部建立卓越的运营能力以扩大规模了。这就是我们后面一章要介绍的内容。

关键要点

- 追求"盈利自信"：无限的跑道会最大限度地提高你的创造力、清晰度以及控制力。这很简单（花的要比挣的少），但并不容易做到。

- 如何少花钱：少折腾。不要发展太快，不要搬去硅谷，不要找办公室，不要让规模太大。按照你客户的要求以及付钱目的来增长。

- 如果你要筹资，考虑从你的社区进行，把客户转化成老板。

- 最终，大多数创始人在花光资金之前就耗光了精力。你和你的联合创始人及同事要保持精力充沛和理智，通过尽早并经常调整真正重要的事情来做到这一点。

了解更多

- 在推特上关注 Wistia 的联合创始人和首席执行官克里斯·萨维奇（@chrissavage），阅读他关于"盈利自信"的帖子，网址：https://wistia.com/learn/culture/profitable-confidence-how-to-build-a-business-for-the-long-term。

- 阅读戈特曼夫妇的"启示录四骑士"理论，从这里开始：www.gottman.com/blog/the-four-horsemen-recognizing-criticism-contempt-defensiveness-and-stonewalling/。

- 在这里查看 Gumroad 的众筹活动：https://republic.co/gumroad。

第七章

建造你想住的房子

你可以梦想、创造、设计并建造世界上最美妙的地方……但是，这需要人来将梦想变成现实。[1]

——华特·迪士尼

每当需要决定下一步该做什么的时候，我都会问自己加里·凯勒（Gary Keller）在《最重要的事只有一件》（*The One Thing*）中提出的问题："哪一件事情是你做过以后能够使其他事情变得更容易或者不必再做的？"[2]

这就是为什么在这本书里我们先重点讲社区，之后再讲流程，再讲产品、营销，最后讲增长。

当谈及企业里的人员时，凯勒的观点是在招聘之前先专注于文化。在准备招聘任何人之前，你首先需要建立一个人们想要为之工作的企业。这要从设定你的价值观开始，最好尽早设定，因为价值观是你将与员工一起构建文化的基础。

坦率地说，我之前觉得宣讲企业价值观有些傻。要友好、勤劳、不迟到不早退——这些还用说吗？创建 Gumroad 之后，我意识到如果你不去持续提醒大家（包括你自己）你做什么、怎么做以及为什么这么做，你就容易偏离轨道。然后，你将不得不去弥补，而且经常在最不合时宜的时候需要去这么做。

对我而言，这发生在 2014 年秋天。那个时候，我首次开始与风险投资公司就 Gumroad 的下一轮融资进行洽谈。在意识到 B 轮融资并不会很容易（如果可能融到）的时候，我不得不围绕一种非常不同的文化（一种专注于能盈利且具有持续发展能力的企业而不是独角兽企业的文化）来重新调整几个团队成员。我们并没有改变优先考虑的事情——我们以前和现在都坚持创造者第一，但是新的关注点需要我围绕一些员工期望的职业发展路径进行谈话。与编写代码相比，解决文化存在的问题要难得多，情绪化得多，也昂贵得多。

人类不是计算机。我们都是不可预测的、情绪化的生物。你招进来的每一个人都会使组织机构里的互动变得更为复杂。犯错在所难免，但公司的价值观会给你一个进攻计划，教你如何回到正轨。

今天，有 48 名员工在 Gumroad 工作，他们分布于世界各地，而且看上去都很开心！但我经历了很多起起伏伏才走到这里。这一章，我会跟大家分享我所有来之不易的经验教训：如何按照合适的节奏招合适的人，以及如何让员工在外部毫无止境地开出各种吸引人的条件挖人（尤其在 IT 领域）的时候仍能开心高效地工作。我也会介绍远程办公带来的机会及其挑战，以及解决与人事相关的问题的其他非传统方式。这是一个持续发展的过程，永远不会真正停止。

在邀请任何人到家里来之前，你需要整理你的屋子。我从未见过家里派对结束时比开始时更干净的情况。那么，就让我们开始弄清楚你想要住在什么样的房子里，然后是邀请将与你一起踏上这段旅程的优秀人士进来的问题。

界定你的价值观——早早这么做，经常这么做

价值观并不是泛泛的、企业用来陈述一些显而易见的事的二字戒律。恰恰相反，它们是用隐晦的方式去表达一些隐晦的要求。它将你认定的观念规范化，放在每个人都能看到的地方，并且每个人都可以提出修改建议。

价值观是口头传统。它告诉员工在日常以及极端情况下要如何去表现。它是比指南和手册更高效的信息媒介。这是因为好的价值观会留在人们的大脑里——它又精练又好记。

例如，诺德斯特龙（Nordstrom）以优质的客户服务而闻名。在一次颇具代表性的事件中，一位顾客拿了一套轮胎来退货，哪怕诺德斯特龙卖的是衣服而不是轮胎。该店还是接收了轮胎，并给这个顾客全额退费。还有一次，有顾客需要找一双鞋，店员在附近所有分店都没有找到合适的鞋，就给顾客推荐了竞争对手梅西百货，并为顾客运送了鞋子。

这些故事要比 1000 页的"如何成为一名优秀的销售人员"手册更能传达诺德斯特龙及其客户所期待的服务水平。哪怕你从明天开始在那里工作，你也可以明白需要坚持一种怎样的标准才能"融入"这个团队。

这是因为价值观不仅是给公司内部人员看的，也为你的客户和可能考虑为你工作的人而存在，他们可能很适合你的企业。更重要的是，他们如果发现自己并不适合你的企业，也会告诉其他人，这为你以及他们都节省了宝贵的时间。

这种绝对的清晰度对于极简主义创业者尤为重要，因为我们经常吸引那些认为这可能是他们第一份工作的人。早早界定、传达企业价值观，可以为组织机构内部做事以及处理分歧的方式设定期望值。它不是你将个人意愿强加给团队的工具，有助于将你的团队成员团结在一起，为他们提供一种让你负起责任的方式。

作为创始人，你要让价值观取代你的位置，它可以让你扩大规模。毕竟，你创业的原因之一就是控制你的环境：你何时工作、怎么工作、在哪儿工作、跟谁一起工作、为谁工作等等。价值观确保每个人对这些问题都有共识。在涉及一些艰难决策的时候，这一点尤为重要。

Wildbit（一款多功能图像查看软件）的联合创始人兼首席执行官娜塔莉·纳格尔（Natalie Nagale）对此深有体会。她与丈夫克里斯（Chris）于 2000 年创办了 Wildbit。在 2012 年，他们的核心产品之一——工作流程管理软件 Beanstalk 经历了一段时间的增长后逐渐停滞。

"那对我们来说是一个至关重要的时刻，"她说，"因为我们不得不去思考我们为什么要创建企业以及想要发展什么产品的问题。"Wildbit 所坚持的原则之一就是企业与产品无关，这帮助他们做出了将 Beanstalk 经营重心转向软件维护和支持模式的决定。当终于不再拼命处理 Beanstalk 的各种紧急情况时，他们才得以有意识地专注于发展另一款核心产品——邮件发送服务软件 Postmark。

在那之后的几年里，不被一个项目或产品定义，给了 Wildbit 更多的自由来"抓住每一个学习的机会"，这是他们企业的核心价值观之一。[3] 在实践中，这意味着如果有些事（即使是一个长期项目）不再有趣或者具有挑战性，他们就终止并寻找下一个目标。5 年后，Wildbit 在 2020 年关闭了 Conveyor 软件（本来是接替 Beanstalk 的产品）。这种事对于另一个企业可能是毁灭性的，但是对 Wildbit 来说，这为其团队推出两个新项目腾出了位置：一个就业论坛"以人为本就业网"（People First Jobs）和一个预防邮件诈骗的监测工具 DMARC Digests。

会影响团队以及客户生活的决策不能轻易草率地去做。但如果你已经确定了自己的价值观，并且围绕它建立起一种文化，做到这一点就会容易很多。很多创始人认为，他们可以等到后面再把价值观写下来，或者价值观会及时出现在他们面前，文化会自发形成。虽然这是事实，但是要留意，这可能不是你想要为自己、为你的团队或者客户建立的文化。

你可以从小处着手，然后从那里发展起来。但是开始进行这样的对话非常重要——即使只是跟自己对话。你可以通过精练的陈述句传递你的价值观，也可以将它们通过故事展开，总之应当有所行动。

在 Gumroad，我们的价值观存在于一份名为"重要的是什么"的文化文件里。为了帮你设定你自己的价值观，我将它们写入下文供你参考。它们可能不是适合你企业的价值观，但我希望能够抛砖引玉，帮助你思考和开始行动。

此刻，你已经熟悉了 Gumroad 这个产品。现在来了解一下 Gumroad 这个企业！

以工作内容为衡量标准

这一条价值观，主要是指客观看待那些重要的事——创作者以及他们的客户使用 Gumroad 的时候拥有的体验。

我在内部是这样传达这一点的：

> 我们的创作者不在乎我们，他们在乎的是我们碰巧可以提供的产品、内容以及社区。

> 这意味着几件事：

> - 虽然我们工作时经常彼此独立，但我们不是独立交付。我们发送给创作者的每一个产品都是最高质量的，这意味着"每一个产品"都需要经过 Gumroad 团队的多名成员、我们的创作者（他们居于第一位！）以及我们更广泛社

区里的其他人审核。例如，在处理了 150 人提出的 600 条留言之后，我发布了我的《工作》这篇文章（sahillavingia.com/work）。这虽然有些极端，但意味着几十万人读到了更好的东西。

- 我们接受员工的流失（事实上，如果这可以帮助我们交付一个更好的产品，我会鼓励员工流失）。

最后，在你交付之后收到本可以让创作者的生活更好的某一反馈，应当被视为失败。

寻求超线性增长

这条价值观是定义和鼓励增长的一种方式。超线性是一个数学概念，指的是一个最终比任何线性函数增长都快的函数。在 Gumroad，它代表了我们以不断加速的节奏去学习的意愿。

我在内部是这样传达这一点的：

我们拥有固定的工作时长，并且有无限的创作者收入可以实现。我们所做的每一件事都应该能够以一种可测量且可扩张的方式为创作者的利润做出贡献。每一天，你投入的时间都在产生超线性回报。

这在实践中意味着，Gumroad 的工作职责变化很快。员工的成长可能会超越他们的岗位要求，他们可能离开 Gumroad 去创建自己的企业。棒极了！

每个人都是 CEO

这一条价值观，是指建立一个由兴趣相投的人组成的企业。我是 CEO，认为这是一份很棒的工作。所以，我想创建一个充满 CEO 的企业。

我在内部是这样传达这一点的：

> 归根结底，你来负责花创作者的钱，向公司汇报你是如何花的也是你的工作。
>
> 你是所在职能部门的 CEO，有责任确保在一个较高的层面履行职责，并向公司其他人以及我们的创作者陈述证据。
>
> 你需要战略性地思考（公司和产品），积极主动地把事办成，在需要帮助的时候向他人求助，在我问责之前，自己承担起责任。
>
> 同样，不要浪费资源：
> - 在你向他人求助的时候，每个人都在做重要的事，所以尽你所能地为他们节省时间以及

昂贵的沟通成本。这意味着，要提供每个人所需要的一切背景信息，包括客观的评估标准。

- 像寻求董事会批准的 CEO 一样去思考，而不是像寻求经理指示的员工一样思考。如果有人问你事情进展如何，说明这些事进展得并不好。

大部分人不想成为 CEO，不想为一家对员工有这些期望的公司工作。这也没关系，那些想成为 CEO 的人会发现我们的理念很有吸引力，我相信这些人才会为我们的创作者提供最大价值。

敢于开放

这可能是我们内部的价值观中最清晰易懂的一条。我在内部是这样传达这一点的：

如果 Gumroad 有什么秘密，就是这个：我们的目标是信息完全对称。我所知道的信息，你们也都知道，也不会有你和我知道但我们的创作者不知道的信息。

我们在依靠最好的团队为最好的社区创建最好的产品。开放一切的态度是一个惯性轮，会吸引更多优秀的人到我们的生态体系里来。

这一原则体现在我们工作的方方面面，比如公开我们的入职文件，每月在推特上发布我们的财务状况。通过这种方式，不仅在 Gumroad 工作的每个人都知道我们是做什么的，而且我们的客户以及任何可能甚至考虑在 Gumroad 工作的人也知道。

这样的透明度要求，我推荐给大家。这样做的好处在于，那些越来越了解你的企业的人会喜欢上你。坏处在于，有些人不会。他们会不认同你做生意的方式，会不认同你在产品质量和远程办公上的相关政策，或者对各种数据吹毛求疵找漏洞。维持某种观点并付诸实践，可能会引起两极化对立的声音。但是如果你所做的事对你、你的客户和员工都有效果，而且企业也在赚钱，那就说明这件事对你而言是对的，你就可以心安理得。没有人能把它从你身边夺走。

这还有一个好处，即当事情进展不顺利时，透明度要求能够促使你进行反思，让事情变得更好。我在经营企业的过程中学到的最深刻的道理是行为和意图是两码事。行为是一个人在做的事，意图是他做这件事的原因。大部分人根据自己的意图评价自己，但根据别人的行为评价别人。透明度要求即使不能完全避免这种情况，也能让它变得较难发生。

作为一家有影响力的企业的 CEO，公开表明自己的意图对我而言非常重要。因为这样做可以使其他人看到我的行为并提出改进建议，也能与我更好地配合。阳光可能并不总是最有效的消毒剂，但通常也会有所帮助。

透明度不仅关乎我们展现给世界的东西，也关乎我们内部的经营管理。在第三章，我谈到我们用于管理企业的流程，所有流程都有文字记录，每一位员工都能看到。我们每天都使用 Slack 和 Notion 这样的工具，让企业每个人都了解正在发生的事，使员工清楚地意识到他们的工作为什么重要。他们如果好奇，就可以轻而易举地查看（如果需要还可以去接手）感兴趣的任何东西。我们通过公布数据、不开会议以及开放式沟通建立起来的开放环境的累积效应是没有秘密、没有错失恐惧症。①

例如，Gumroad 的每个人都可以通过线上仪表盘看到我们的创作者赚了多少钱。虽然这的确存在产生适得其反的效果的风险，让人痴迷于各种数据（有时候企业盈利情况是创始人而不是员工该关心的问题），但我发现，总体而言，赋予成员使用他们做决策所需要的数据的权力，会创造一个更好、更自给自足的组织。而且，这意味着你需

---

① 错失恐惧症，英文全称为 fear of missing out，表示害怕错过某个经历、活动或者信息的紧张和焦虑感。——译者注

要做的工作更少，这是你最初选择成为一名极简主义创业者的重要原因。

我们也给每个人查看流量仪表盘的权限，当我们的几位工程师需要在正常工作中休息一下的时候，他们就会进去看看可以给网站的哪些页面提速。我可能从未优先考虑过这些事，但是它们为客户节省了时间，也改进了我们的产品。

如果你招的员工合适，他们在自我管理方面最终会成为比你更好的管理者。从长远来看，给每个人自主权可以让你的身份地位与你的员工相同，这样你就可以与工程师肩并肩写代码，与设计师一起做设计，花时间创造和构建有影响力的东西，而不是不停地管理他人。只要你继续根据清晰明确的价值观为公司制定长期愿景，你的员工就会乐于支持你。

在涉及像"钱"这样较难的事情的时候，透明度也非常重要。在 Gumroad，我们使用一个简单的实时更新的电子表格，来向所有人披露每个人的薪资。这让人们对自己的收入感到满意，也尽可能地减少了我与团队其他成员之间信息不对称的情况。透露这种信息开始时可能看上去很令人不安，但那只是因为这种做法非同寻常。在实践中，这大大减少了人们提出的关于自己薪酬的问题，而且也有助于消除因为偏见造成的薪酬差距。

将企业背后的数据以及付给员工的薪酬全部展现出来，能够让你的员工知道他们的工作是如何为企业的整体盈利能力做出贡献的。在需要与员工就他们应得的报酬进行坦诚对话的时候，这些信息把与每个人的谈话变得更容易。全球性的研究显示，79% 的辞职者认为"缺乏欣赏"是他们离开的原因，虽然员工成长之后跳槽非常常见，甚至是意料之中，但你不会希望非必要的离职成为企业文化的一部分。

留意彼得原理

我不喜欢管理。我宁愿我的团队有 10 个非常了不起的人，也不愿有 100 个还不错的人。这可能意味着我们完成的代码在绝对数量上比不上下一个初创企业，但是从人均生产力来看，我们的效率要高得多，我们也会因此拥有更大的满足感。

一家企业之所以最终能成功地扩大规模，是因为员工被赋予了权力，在没有你干预的情况下也可以帮助客户。你和你所组建的任何一个管理团队要做的，是给他们提供成功所需要的资源，并在必要的时候提供"3 万英尺高的视野"①，这样他们就能够在不用自己进行颇具压力的调查的情况下，清楚地看到自己的工作在企业大局中的位置。

不要做产品远景家，或者更糟糕的产品独裁者。②你的企业不应该是一个个人崇拜的团体，只按照你决定的时间表创建你想要的东西。这条路会通向某种程度的毁灭，WeWork（总部位于美国纽约的众创空间）就是一个例子。[4]该公司有很多毫无节制的行为、可疑的决策，并在几乎没有证据能够证明可以盈利的情况下就大量注资，其中有一个有趣的细节很引人注目。因为前首席执行官亚当·诺依曼（Adam Neumann）是一个狂热的冲浪高手，董事会批准了 1300 万美元用于投资一家制造人工冲浪泳池的公司，尽管 WeWork 的业务与冲浪无关。

当然，这只是 CEO 的个人想法或者偏好（不管多么不合理，或者与公司利益多么背道而驰）可以让公司陷入麻烦的一个极端例子，但这一观点仍然成立。不管你有 3 名还是 300 名员工，都要有每个人都了解且可以用于衡量

---

① 3 万英尺高的视野，英文为 thirty-thousand-foot view，本意是飞机在 3 万英尺（约 9144 米）高的地方所看到的东西，即你只能看到大片农田或者城镇乡村布局，但是看不到人。用在管理学上时，表示当企业发展到一定阶段，有了自上而下的组织机构和管理层级，管理人员就需要关注战略、市场方向、企业目标等宏观的问题。——译者注

② 产品独裁者，英文为 product dictator，指代那些认为自己才了解产品的一切，做所有的决策，让他人来支持自己的风格的人。——译者注

自己工作的明确的关键绩效指标（KPI），这样，每个人都能与客户沟通，为客户创造东西。

教育家劳伦斯·J.彼得（Laurence J. Peter）提出的彼得原理指出："在大部分组织机构（比如大型企业）的层次体系中，倾向让每一个员工都通过晋升在组织架构中上升，直到达到不能胜任的层级为止。"[5]

尽管这最初旨在讽刺，但你可能会联想到，在一个严格的等级制度里，每个人都被困在了自己不擅长的工作岗位上。在 Gumroad，我努力将彼得原理的趋势扭转过来。员工为客户工作，我为我的员工工作。最出色的人在得到提拔之后继续做他们最擅长的工作——他们只是得到更多的报酬。

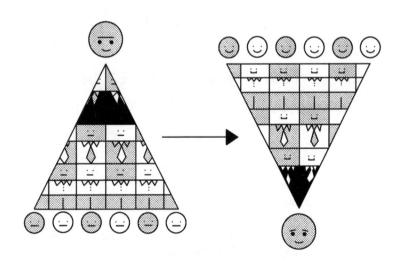

管理人员的问题在于，他们并没有真的在乎并投入时间和精力去帮助他们所管理的人取得成功。有时候，这不仅是关注并帮助员工在工作任务上取得成功，还在于关心他们的职业抱负和成长（超越你公司可能要求的水平），并投入时间和精力。这是每个涉及其中的人的长期游戏。

这甚至可能意味着鼓励你的员工离开，在其他地方寻找更大的成长空间，我们将在本章结尾谈论这一点。

建立责任制

Gumroad 从 2015 年开始就远程办公了。

我认为对于所有不需要办公室的企业而言，远程办公将成为一种常态。这几乎包括了在新冠肺炎疫情期间做出彻底改变并想办法通过分布式团队继续前行的每一家企业。

当没有办公室的时候，你的招聘就不用限制在当地的人里。你可以在全世界各地招人，在招聘双方都不需要离开家或者飞到地球的另一边的情况下，你就能够找到最优秀的人，将他们带进你的企业。

一旦迈出了这一步，你可能会意识到，传统上的一些关于如何经营一家企业的其他观点也就说不通了，例如开会。大部分企业将会议作为完成它们工作的重要工具。但是在 Gumroad，我们没有会议，甚至更进一步：我们是完全异步的。这意味着对于我们而言，所有的沟通都是考虑周全的。因为没有什么是紧迫的（除非网站关闭），讨论只在用心处理之后进行。

发生紧急情况的时候怎么办？事实是，我们的业务模式并不会产生那种需要你"放下一切，立马处理"的情况。例如，如果你的企业主要进行业务开发，而一位关键客户因为产品某一功能退化或者超过截止时间而退出，则可能出现上述情况。

如果有些事情确实需要我们立即介入，我们会使用 Slack 作为沟通工具。GitHub（一个面向开源及私有软件项目的托管平台）是我们保存代码数据的地方，工程师在代码合并、实时部署之前会在这里提交代码供同行审核。Notion 用于其他方面的管理。它是我们用于存放路线图（我们将其公开）和产品开发过程的工具，也是我们了解每个人如何工作、进行知识共享的地方。

这一三叉戟体系是鼓励员工自我学习、解决问题非常有用的方法，有助于员工在需要帮助的时候知道去哪里获得帮助。几个小时后，查看 Slack；一两天后，查看 GitHub；更久一点，查看 Notion。数据指标以及团队薪酬的透明度很重要，但将对的信息在对的时间便捷地呈现给对的成员也同样重要。

如果有些事确实需要实时讨论，我们现在使用 Clubhouse进行纯音频对话。与 Zoom 会议相比，它有一个好处，我们能够更轻而易举地将客户拉进会议中。

这种文化要求每个人在计划进行"深度工作"时告诉其他人，这是作家卡尔·纽波特（Cal Newport）创造的词，表示需要专心、高强度认知活动的任务。我们的很多工作，包括写作、编码、设计，都不太适合被打断。除了设定要求，人们也能够根据自己的意愿决定如何具体操作。他们可以让其他人知道自己计划露面并回答问题的时间，也可以连续数周关闭通知。对我而言，这就像在日历上预留时间段一样简单。

在可实现的范围内明确期望，让人们能够围绕自己的生活来安排工作，而不是围绕工作来安排生活。这对于刚刚为人父母的人尤其重要。每个人都能够系统安排他们的时间，最大限度地提高自己的幸福感和效率，从而从中受益。大部分人可以学着自我管理，学着变得更高效并富有影响力。

我认识到，我所做的和我们在 Gumroad 所做的可能不适用于每一位创始人或者每一家企业，这取决于企业业务的性质。虽然灵活的工作时间越来越普遍，但有些企业像我们一样在完全异步和远程办公的情况下运转得最好，而其他企业则使用远程办公和在共同办公空间共享工作时间的混合模式。只要你专注于向客户提供最好的产品，建立一个有效体系的过程会从下往上自然而然地发展起来，不会有来自顶层的命令的感觉。

毕竟你想要住在一个什么样的房子里，最终由你来决定，然后再去找认同你的那些人。Gumroad 的价值观有点另类，你甚至可以说它有点可怕。但它指引着我们做的一切，并传达了外界需要了解的关于我们的企业的信息。我们的价值观可能对大多数人而言行不通，对他们来说，Gumroad 并不适合。幸运的是，有数百万其他企业适合。

Simply Eloped 公司如何界定价值观从而回到发展正轨

在界定价值观和文化之前就招人是很多创始人面临的挑战，可能因为这是默认路径，但幸运的是，这是个可以补救的问题。

简萨·怀特（Janessa White）和马特·丹利（Matt Dalley）两位创始人在 Simply Eloped 公司开始招聘时遇上了麻烦，这是一个帮助情侣策划小型私密婚礼或者目的地婚礼①的公司。在那之前，简萨和马特所有的事情都做对了。他们的业务慢慢地增长，对花的每一美元都很有策略。在开始招聘之前，他们已经履行过每一种职能——客服、营销、销售，这让他们设计了自己的体系，能够适应不同客户的要求，又富有创意，尤其在涉及钱的方面。

在选择可以代表 Simply Eloped 公司的供应商方面，他们也很谨慎。"婚礼行业可以充满歧视。所以从最开始，我们就与司仪、花店老板、糕点师以及与我们有共同的价值观，并跟各种各样的情侣相处起来都很自在的其他人建立了关系。我直接跟客户打交道很多年了，"简萨说，"我知道我们这个价格所提供的全方位服务，人们在其他任何地方都找不到。"

尽管简萨和马特对于他们想要培养的外部关系一直非常谨慎，但是对于想要在公司内部创建的文化，他们却从来没有什么明确的目标。2019 年，他们筹到资金，开始积极招贤纳士。"我们几乎犯了书里提到的每一种错误，"他们说，"我们按照自己的意愿招人，招了朋友和家人，还有任何看上去很友好并想要一份工作的人。"结果就出现了简萨所说的"文化危机"，欺凌、流言蜚语以及各种

---

① 目的地婚礼，英文为 destination wedding，又称"度假地婚礼""旅行婚礼"。指将婚礼、摄影、蜜月结合起来，在度假地举办婚礼的形式。——译者注

闹剧变得司空见惯。

为了扭转这个局面，他们采取的第一个措施就是聘请了一位领导力教练。这个教练开始厘清所发生的事情以及对应的解决办法。这迫使简萨和马特自问需要成为什么样的领导者来管理一个不断壮大的团队。他们发现，他们一直过度专注于让员工"开心"，而没有花足够的时间界定哪些事才能最好地服务客户，带来最好的工作氛围。

他们也意识到，尽管他们以及很多客户都很喜欢这家公司，但它并不适合每个人。这一领悟让他们重新开始思考他们的价值观。现在他们将其用 CACAO 这几个字母来表示，这几个字母代表"围绕客户（customer-centric）、雄心勃勃（ambitious）、仁慈有爱（compassionate）、积极适应（adaptable）和敢于担当（ownership）"。更重要的是，他们将这些价值观变成一系列行为特点，明确了哪一类人能在公司获得积极发展，而且他们现在的公司招聘信息也会从中提取一些内容。

此外，简萨、马特和他们的团队会明确地使用公司价值观来凸显所取得的成绩，给予反馈。在每周例会上，简萨会将公司价值观融入员工们取得的小成就来讲他们的故事。此外，如果有人表现得不够好，她也可以引用这些价值观，来说明为什么以及如何改进。价值观最后在 Simply

Eloped 这个公司里变得如此重要，以至于简萨和马特围绕它写了一首每个员工都学着唱的歌。

你可能不想也不需要围绕你公司的价值观写一首歌（我们肯定不会为 Gumroad 写一首歌），但值得注意的是，简萨和马特是如何为自己以及在那里工作的每一个人阐明和界定公司的价值观的。他们找到了对他们起作用的东西，清晰的价值观让他们在清楚自己要去哪里、想带谁一起去的情况下发展公司。

告诉世界你是谁

创建企业文化归根结底会比创建产品工作量更大，但它的价值也会更大。一个明确的企业价值体系建立之后，你就会拥有一个既能够实现你的目标也能够实现其他很多人的目标的企业。

人们不会经常换工作，而且在考虑换工作的时候通常也不会广而告之。在第五章，我们谈到了营销的本质在于反复提醒潜在客户你的存在。同样，招聘做得好就是反复提醒潜在应聘者你的存在以及为什么存在。

就像我们在第四章学到的一样，好的销售不仅与销售有关，还与教育有关。招聘是初创企业最难的事之一，因为它同时涉及产品开发、销售和营销。

一旦你有了对你有用的文化价值观，就应该开始公开传达这些观点。很多人担心，宣讲这些价值观会使人们疏远，让他们不再进一步了解自己的企业。这完全正确。清晰界定你的文化价值观，让大部分人说"这不适合我"，但是让一小部分人说"这正是我想要的工作！"。

优秀的人只有在看到一份符合（或超越）他们期望的理想工作时才会去申请。如果可以，回忆一下你找工作时那些充满压力和痛苦的经历，以及有多少次在漫长的面试环节结束之后，却发现这个企业根本不适合自己！

宣传你的价值观，为所有人节省了时间和精力。你只想面试那些认为自己真的适合你企业的候选人，而不是想要跳槽或者涨薪的人。归根结底，最优秀的应聘者是打算取代你的人。

招人看上去跟炒掉自己很像

从一开始，你就应该去招聘比你优秀的人。他们的到来不是为了实现你的愿景，而是根据自己与客户的互动去改善你的愿景。

其中有些人甚至可能是你之前的客户。在 Gumroad，我们会有意识地先从我们的社区招人。

很多创始人在权力和职责下放方面做得都不算成功。而权力和职责的分派是从自我意识开始的。问问你自己下面的问题。

- 我最喜欢做什么？
- 我擅长什么？哪些不是我的强项？
- 哪些工作、职能如果能让给别人，对我来说是一种解脱？
- 我是如何安排我的大部分时间的？这是对的选择吗？

一旦你想清楚了某个招聘职位具体做什么，就可以弄明白谁可能适合这份工作，但通常你不会知道。这也是我认为向外界宣传自己，让人们主动来找你非常重要的原因。

企业的招聘信息应该是一个过滤器，而不是一块磁铁。大部分人不会喜欢在你的企业工作，招聘公告也应该清楚表明，他们应该去别的地方找工作。那些一路过关斩将到最后的人，才是你应该更认真地进行对话的对象。

如果这些做得好，招人会变得更快也更容易。而且因为你用极简主义的方式创建自己的业务，所以你已经有了社区、客户以及吸引他们的营销能力。

比如，我个人推特账号的一条推文引来数百名申请人。

 Sahil ✓ @shl · Aug 6, 2020 ···
We're looking for engineers who want to work on @gumroad!

- Web (Ruby + JS) or iOS (Swift)
- 20+ hours a week
- $125-$200/hr
- Work from anywhere, no scheduled meetings, no deadlines
- Everything you work on will eventually be OSS!

💬 75   🔁 361   ♡ 1.2K   ⬆

[我们正在寻找想要在 Gumroad 工作的工程师：

－Web (Ruby + JS) 或者 iOS(Swift)

－每周 20+ 小时

－125~200 美元 / 小时

－不坐班，不安排会议，无必须完成某一任务的最后期限

－你做过的所有软件最后都会开源]

亚当·沃森（Adam Wathan）的一条关于 Tailwind UI 的一个工作机会的推文引来 875 个申请人。他的推文跟我的相似，都非常清晰直接。

Adam Wathan
@adamwathan

If you're interested in building UI tools with me full-time, we're looking for a developer to join the Tailwind CSS team.

$115k–$135k/year, 4 weeks vacation, and 40 hours a week of hacking on fun, interesting problems.

1:32 PM · May 24, 2020 · Twitter for iPhone

598 Retweets   **56** Quote Tweets   **1,833** Likes

（如果有兴趣和我一起全职开发 UI 工具，请联系。我们正在寻找一位开发人员加入 Tailwind CSS 团队：

11.5 万 ~13.5 万美元 / 年，4 周时间的年假，每周工作 40 小时解决各种有趣的"疑难杂症"。）[6]

重新审视你的价值观，确保它们像你写的其他内容一样包含在你的招聘公告里。对 Gumroad 而言，这意味着明确薪酬信息、对候选人的要求，以及我们不会提供的东西。不过，你的价值观会与我们的不同，所以你的招聘公告也会跟我们不一样。

适合是双向的

遗憾的是，不是每个加入你的企业的人都会长期待下去，甚至短期也留不住。员工与企业之间是否合适，是需要双向选择的：当某人对你不合适，意味着你对他也不合适。而那些不是很适合你企业的人在损害自己的远期前景，同时也在损害你的远期前景。

在充满怀疑的时候，思考一下你的价值观。这个人与这种价值观匹配吗？这个人在企业以外的地方会比在这里创造更多的价值吗？如果你当时知道现在的情况，还会聘用他吗？

说实话，当开始怀疑的时候，你很可能已经知道答案了，只是做出让他们走人这个艰难的决定让你并不是很舒服。

相信我，我知道炒人有多难。但是，如果你想要建造自己想要住的房子，这就是一项关键技能。对于我的员工，我跟他们保证不会突袭。即使不匹配，我也会明确地告知（因为我们异步的文化，以书面的形式）为什么我对双方是否合适有些担忧，并将每一个问题与我们的价值观对应起来。我在几周的时间里至少会这样做两次，确保他们足够清楚并有时间去做出我需要他们做出的改变。

不过，这最后还是由他们来选择。通常你能做得最好的事，就是坦诚沟通，告诉他们这样行不通，慢慢结束合作。几乎每一次，他们都会感谢你提了出来而不是由他们提出。如果你招人招得很好，他们会很快找到一份新的工作。你应该在这方面帮助他们，介绍机会，提供一封正面肯定的推荐信——毕竟你确实雇用了他们。他们并不是坏员工，只是不合适你。

你的企业是在做生意，去拥抱变化，不要去厌恶它。

说到变化，在这个时候，你已经有一款客户乐意花钱购买的产品，以及一家人们乐意为之工作的企业，接下来呢？

如果你很开心，那么你可以继续做你正在做的事，也可以开启新的篇章。这也是下一章的内容。我们会讨论如何让你的影响力更广、更深，以及如何提高你的生活质量。在某种程度上，这本书的主旨就在这里：以一种让你的生活与其他人的生活保持一致的方式找出并帮助你爱的那些人——包括你自己。出发吧！

关键要点

- 你已经为客户创建了一个产品，现在你正在创建另一个，这个产品就是你的企业，而你的客户就是你的员工。

- 创建一个满是人的企业要比创建软件让你收获更多，但也难得多。

- 要尽早且经常阐明你的价值观，因为你需要它来避免在业务扩大的过程中偏离航线（这肯定会发生）。

- 合适与否是双向的：如果你觉得不合适，很可能你的员工也觉得不合适。尽早进行那些艰难的对话，等得越久，对话就越难。

了解更多

- 阅读弗雷德里克·莱卢（Frédéric Laloux）的《重塑组织》（*Reinventing Organizations*）一书，了解企业和其他组织的结构是如何随着时间的推移发生变化的。

- 在推特（@janessanwhite）上关注 Simply Eloped 的联合首席执行官兼联合创始人简萨·怀特，了解她创业的见解。

- 劳伦斯·J. 彼得（Laurence J. Peter）和雷蒙德·赫尔（Raymond Hull）的《彼得原理》（*The Peter Principle*）。

第八章

我们要何去何从

我们生来就要在一片混沌的田野中穿行。

但是，我们不会迷路和无助，

因为在我们之前来的每一个行者都在身后为我们留下了可以追随的踪迹。[1]

——罗伯特·摩尔

这一章虽然是最后一章，但是在重要性方面，我把它排在第一位。

即使在读完这本书之后，你可能还是会问自己现在是不是创建一家企业的最佳时机。这个世界有很多问题，未来很不确定。如果你认为创业看上去有风险，那是对的：创业是有风险，而且永远都会是这样。但我相信，这是带来改变的最好方式之一。

如果你的企业没有从一开始就"改变世界",或者没有雇用数百名员工,不要紧。只要你在以一种诚信、可扩大规模的方式,通过向想要你产品的社区出售一款值得为之付费的产品从而让世界变得更好,创建一家企业就是值得的。

我不认为只有能够"在宇宙中留下印记"(就像乔布斯那句被"错误"地引用的话所说的那样)才会治愈这个世界。它还通过我们反复做一些改善社区的、可以累积起来的小的选择来实现。你不能改变每一件事,但是你可以而且应该从改变一些事开始。

一旦你因为客户的宣传而盈利并能够持续增长,你获得的一个好处就是可以决定企业下一个发挥正面影响力的领域在哪里。我知道,Gumroad 要是发展到这一步,我就更容易专注于更有意义的生活。但这并不容易,我不得不努力找寻成功的新定义——一个由更强烈的目标感和使命感所界定的定义。

"一个健康的人有一千个愿望,而一个生病的人只有一个愿望。"[2] 在这本书的语境中,这句话的意思就是,创建一个成功的、能够持续发展的企业的极简主义创业者的愿望不止一个,已经拥有的人可以随心所欲地生活了。索伦·克尔凯郭尔(Søren Kierkegaard)在 1844 年写道:焦虑是"自由的眩晕感"。[3] 这就是你注视自己无限的选择时会出现的情况。

　　无论你是否喜欢，这都是你承担风险、辛勤付出、投入时间创建并扩大你的企业之后所得到的所有东西中的一部分。现在，你已经抵达了最初的目的地，接下来去哪里？这就是我们将在最后一章试图回答的问题。

你已经赚到钱了，现在赚取时间吧

　　Gumroad 开始盈利之后我做的第一件事，就是收回我的一大部分时间。

　　我已经过了 4 年创始人的生活，不睡觉的时候我都在工作，忽略了亲情和友情，基本上把工作放在所有事情之上。这样的日子结束之后，我可以自由地为自己规划一条不同的路线了。我发现，当没有努力安抚投资人或者没有试图让企业比应该增长的速度更快地发展的时候，我终于拥有了时间。虽然我将不再可能成为金钱意义上的亿万富翁，但我意识到自己是"时间上的亿万富翁"。[4] 对此，格雷厄姆·邓肯曾说，生命中至少还剩 10 亿秒——或者至少 31 年的时间。

　　我没有 10 亿美元，但确实很长一段时间以来，第一

次有了不必忙于各种事务的奢侈（或者说烦恼——取决于你怎么看）日子。我在普罗沃租了一套普通公寓，放弃了咖啡和啤酒，开始与跟我有相同创意兴趣的人见面。在主要任务是工作的这些年结束之后，我想要我的余生都用于体验其他方面。

首先，利用时间创造更多的时间。我通过进一步自动化、外包或者直接忽略所有与 Gumroad 有关的我不喜欢做的事（见第三章和第六章）来实现这一点。这样，我就拥有了足够的时间，让自己想做什么就做什么，想什么时候做就什么时候做。每个人或者每一家企业都可以这样吗？我不确定。但我的确认为，如果你将自己从之前你视为极其重要的责任和情况中抽离出来，会对所有你不需要做的事情感到惊讶。

然后，我回到了这趟旅程最初的时刻：再次开始创作。首先，我在普罗沃写科幻小说，这是我最喜欢的作家之一布兰登·山德森（Brandon Sanderson）所组织的一个创意写作研讨会的一部分；之后，我留在犹他州，学习绘画。鉴于经营着一家聘用和服务于创作者的企业，我很喜欢创造东西，这可能并不令人意外。

"无"中生"有"的创作非常令人满意，充满乐趣，尤其是当它不必是支付各种账单的主要收入来源的时候，而且经营一家极简主义企业，能让我快速进步。在某些时候，我每周花 20 多个小时写作和绘画（从没有停止过！）。

不过对我而言，创造并没有让我的人生完整，就像追逐独角兽并没有让我的人生完整一样。我仍然想要给世界带来巨大的影响，仍然有一个企业来帮我去做这件事。我不需要 Gumroad 是一个 10 亿美元级企业，来让我以最大的选择自由和最小的负担去不受约束地追求我的目标。我保证，你也不需要那么大的企业来成就你希望成就的一切。

我相信，我们的目标应当将我们的激情、使命、职业和我们的志业结合起来。这就是日本的"ikigai"①概念：将你热爱的，与世界需要的、你可以因此获得酬劳的以及你所擅长的统一起来。

在 ikigai 的状态下，你会感到宁静，而且可以去努力改善这个世界。你可以活在当下，同时朝着更美好的未来努力。

我强烈认为，我们人类的发展仍然处于初期阶段，我们将继续进步的主要方式之一是有意识地创业。我在

---

① ikigai，日文为"生きがい"。"iki"是"生活"，"gai"是"意义、价值"，ikigai 直译就是"生活的意义"。——译者注

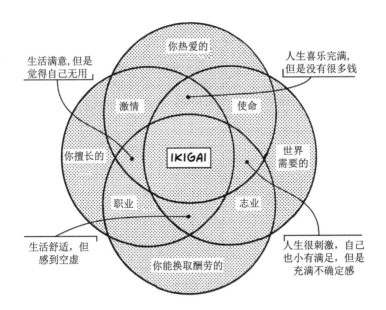

生活满意，但是
觉得自己无用

你热爱的

人生喜乐完满，
但是没有很多钱

激情　　　使命

你擅长的　　IKIGAI　　世界需要的

职业　　　志业

生活舒适，但
感到空虚

你能换取酬劳的

人生很刺激，自己
也小有满足，但是
充满不确定感

本书中使用"极简主义"一词来描述创业活动的一个关键原因是，我相信你的企业不需要去解决所有的问题。成为一个极简主义创业者，可能为你带来一个很棒的结局，同时也为你的团队和社区创造机会，但是它不大可能解决你遇到的每一个问题，不管是为你自己还是为这个世界。

　　你的目标是解放自己，让企业按照你所希望的那样尽可能少地需要你的参与，这样你能够以你认为最好的方式在这个世界上生活，不管那看上去是什么样子。对大部分人而言，这也意味着解放他人。你无法解放所有人，或者创造所有产品，但是至少可以教一些人如何去做。

创造更多的创作者、CEO 以及极简主义创业者

在普罗沃生活了两年之后，我对于 Gumroad 和自己的使命有了新想法。在重新设想未来的时候，我意识到我不仅有机会为自己创造一种生活，还有机会为其他人提供机会，让他们为自己创造一种生活。

创建 Gumroad 让我接触到一类全新的创作者：企业主。虽然不是每一种创作行为都需要一个企业，但是很多达到规模的创作者都会成立一家企业来管理他们的作品。我最骄傲的事情之一，就是为成千上万的人将创作中商业的一面变得更容易，并在世界各地创造了企业主。

2020 年，我偶然发现了自己的旅程（让所有人都能接触创业）的下一步。在那之前，通过成为阿兰·汉密尔顿（Arlan Hamilton）后台资本（Backstage Capital）的有限责任股东，并对兰布达学校（Lambda School）、Figma 以及 Notion 这样的初创企业进行几次小额天使投资的方式，我尝试了投资早期初创科技公司。但在 2020 年对乔治·弗洛伊德事件的抗议活动之后，我知道我可以做得更多。我在推特上表达了想要投资黑人创始人的意愿：

Sahil ✔
@shl   ⋯

Occasionally I angel invest in tech startups, including
@LambdaSchool, @figmadesign, @HelloSign. I'm also an
LP in @Backstage_Cap.

My next investment will be in a Black founder. If you are
one, please send me an email this week about what you're
working on: sahil@hey.com

9:00 AM · Jun 1, 2020 · Twitter Web App

237 Retweets   **30** Quote Tweets   **1,306** Likes

（我偶尔向科技初创企业提供天使投资，包括
@LambdaSchool，@figmadesign 以及 @HelloSign，我
也是 @Backstage_Cap 的有限责任合伙人。[5]

我的下一个投资将给一位黑人创业者。如果你
是一名创业中的黑人，请在本周给我发一封邮件告知
你在创业的项目：sahil@hey.com。）

这条推文带来了 200 封来自黑人创始人的邮件，最重
要的是，还带来了四笔新的用于黑人企业家成立的初创企
业的投资。自那以后，通过网内推荐，我们还投资了几个
项目。

不过，这些初创企业中有很多还在寻找更多的资金，
而我并没有那么多资金。于是，我写了一份备忘录，并通

过邮件发给了我人脉关系里的其他投资人。其中一人回复道,"你应该成立一个基金会",并提出要将其确定下来,帮助我启动这个项目。2020年,我朝着培养更多CEO和极简主义创业者的目标又加倍努力了一把,成立了自己的基金会。

虽然我从来没有想要成为一名风险投资家,但现在我能够支持一些创业者,他们主要是我通过我的受众以及公开透明地建立Gumroad而认识的。今天,我一年能向大约50家企业投资近1000万美元。

我仍然拒绝很多创业者,这并不一定是因为我对他们所做的事没有信心,而是因为大多数企业没有风险资本投资会更好。自从在2019年2月发表《打造10亿美元级企业梦想破灭后的自我反思》之后,我认识了数百名极简主义创业者,他们帮助我拓展了关于企业真正含义的思维。

如果你觉得成为极简主义创业者对你而言是一件好事,那么你可以帮助其他人看到这一点。彼得·艾斯丘经常在推特上发布他认为能够做大生意的域名,这样其他人可以仿效他创业。施密特品牌的克里斯·坎蒂诺和杰米·施密特创立了自己的"色彩"(Color)投资基金,支持和投资小众领域的创始人。

做创作者和极简主义创业者这条路,大量不同类型的人应该都可以走，而且各种类型的员工和客户都应该能够为自己找到最合适的匹配对象。我认为，这个星球上的80亿人都可以做。令人遗憾的是，我们还没有发展到这一步！

虽然极简主义企业并不能消除歧视，或弥补我们在获得教育、科技以及资金等方面的所有差距，但它们确实为各种各样的创业者提供了掌控自己命运的途径。而且，我相信通往更公平的未来的道路在于让更多的人去创造产品或者服务并出售，不仅因为这让企业主得以通过创作赚钱谋生，还因为通过扩大创业的范围，我们能够服务那些自由市场尚未为之解决问题的人。

旧金山

普罗沃

如何经营自己的生活以及生意，最终决定权在每个人自己手里。从旧金山搬到普罗沃的经历让我注意到，人们对服务他人的方式都有自己的看法。它不是统一的，甚至不相似，也不应该相似。不同的人有不同的问题，需要不同的解决方案。

拯救地球

我们谈论了"改变世界"的神话，在你已经拥有大量创业和服务社区的机会的时候，它会分散你的注意力。

不过，你仍然可以选择你的战场，尤其是那些在你控制范围内的事，比如消除自己的碳足迹，致力于建立一个碳中和的未来。很多极简主义创业者为了发展业务所使用的系统和服务器背后的大企业都在加快这一进程，而且更明确地投入到碳中和的行动中。2019 年，Shopify 承诺将每年向 Shopify 可持续发展基金（Shopify Sustainability Fund）投入至少 500 万美元，[6] 该基金不仅投资碳封存项目，还投资可再生能源项目，并服务于商家和买家更具有持续发展能力的运营方式。谷歌承诺，到 2030 年，任何时间、地点的运行都将利用无碳能源。[7]

这不能只依靠大型企业及其基础设施来做。我们可以利用我们的企业来为拯救地球做出自己的贡献，不管它们规模有多大。植物基冰激凌公司彩虹之路（Rainbow Road）的创始人艾美利·拉法·奥尔森（Emily LaFave Olson）坚持将食物作为治愈地球的工具。在卖掉了她的第一家公司——优质美食线上超市 Foodzie，关闭了第二家做餐点配送服务的公司 Din 之后，她也发现自己会问："下一步呢？"

她的个人使命是更亲近地球母亲。就在思考自己下一个创业计划的时候，她和家人搬到了夏威夷。一种想法开始不停地在她头脑里闪现：冰激凌。

她要将彩虹之路创建成一家通过对地球有益的全周期循环系统来制作美味冰激凌的企业。"Pono 是夏威夷语中的一个词，意思是'和谐'，"她说，"在制定决策、讲述我们的故事时，我总是牢记我们的使命，以让自己和公司都处于一种平衡的状态。"

有了为前面两家公司筹集风险资本的经历，她目前决心自力更生，以保持全部的决策控制权，专注于盈利能力，按照自己的节奏发展。"我在较慢地打基础，以创造长久发展的能力，"她说，"所以，我问自己：'我能迈出的最小一步是什么？'"这让彩虹之路以一种对企业和世界而言都能够持续发展的方式增长。"我能够积跬步而至千里，所以不怕走这条更漫长的路。"

做好调研，想明白什么会真正有效，然后付诸行动。

放手

我还没有走上这条路，但我考虑过这个问题。某一天我可能想要收回更多的时间，也可能用一种完全不同的方式去服务一个完全不同的人群。正如我不期待其他人永远在 Gumroad 工作一样，我自己也不打算这样。最终，我会放手，要么主动，要么被动——我当然希望是前者。

你最终也将不得不面临相同的抉择，可能完全离开你的事业。你可能在某个沙滩上享受退休生活，觉得自己的工作已经完成；可能决定加倍努力、筹集资金，为你的下一个公司奋力一搏；也可能找到一个新的首席执行官，但是自己作为董事会主席继续参与公司运营，或者成立一家非营利性组织来解决你发现的下一个问题。

但是，具体而言，你从这儿出发要去哪里？

答案是我不知道。这个问题永远不会消失，而且对于每一个创始人永远不会有标准答案。这也是为什么你在努力无私地服务他人的同时，也应该始终"自私地"创建适合自己的生意。而且在这么做的时候，你应该优先考虑自己的幸福！

我知道这些问题有点多，但是时候问一问自己为什么了。

你选择了一个社区。为什么是那个社区？你提交了一个有价值的人工流程，然后将其迭代成一个最小化可行产品。你为什么选择使用那些方式解决那些问题？

如果没有记错，你之后向 100 个客户出售了那个产品，他们乐呵呵地付费购买了它。你首先联系了谁？为什么是他们？

你为产品做了营销推广，让自己成长，同时扩大了团队。为什么？为什么？为什么？

最后，为什么我想从这里继续前行？为什么我需要到一个地方去？

在你解决这些问题的过程中，一件曾经帮助过我，而且也会帮助到你的事是，用你新发现的时间去反思你的过去，观察你的现在，想清楚你是谁，真正想要的是什么。然后，你就能够想清楚如何得到你想要的东西，这样你就不用一直问这些问题了。

你的"目的"可能是创造更多的创作者，或者帮助更多的人创业，或者在沙滩上享受退休生活、整天冲浪。我不会假装自己知道。

我写这本书的目的是给你工具，让你能够创建一个最终会给你为自己做决定的自由的生意。现在由你决定接下来怎么办。

无论你做什么，给我发个消息，告诉我。我一直在线：*sahil@hey.com*。

还有一件事

让我们从头开始。你的计划是什么？你有一个商业点子（希望如此），选择了一个对的社区来服务，成了里面的支柱，有一个很好的发展计划来着手建立你的MVP（先是有价值的人工流程，再是一个最小化可行产品）。你会得到100个客户，而且仅在那时考虑推出产品！

不久之后（或许你已经做到了）你会赚到钱并掌控自己的命运。随着对企业经营中的法务、运营、财务问题得心应手，你将学会如何保持这种状态。

你会精心创建一种文化，它将你喜欢与之共事、为之工作的人吸引过来。这并不容易，但你的业务会增长，而且随着时间的推移，你将开始解决新的问题。

最重要的是，你的身份不会被你的业务所淹没。你不需要做任何自己不想做的事，至少每周有几个小时不用这样。

当然，即使在这个时候，旅程也没有结束，而且永远不会结束。它并不容易，也不会很快或者直截了当。它会花很多时间，也许还需要尝试几次，但这没关系，因为你可以用一生去把事情弄清楚。而且这不是为了避免失败，而是为了最终获得成功。你花的时间越长，准备得就越充分，因为在花掉的每一年里，你都在变得更好。

在这本书里，我们主要谈了那些成功的企业，但是每一个成功的创业者都尝试过很多次失败。在创建 Gumroad 之前的几年里，我创建并推出了几十个产品，几乎所有的都失败了，但是 Gumroad 成功了。你只需要做对一次！

但是我们人类如果希望摆脱目前的混乱局面，需要做对无数次。无论怎样，我相信，创业的未来就是人类的未来，所以企业创建得越多就越好。而创建出更多企业的最好方式，是让它变得容易实现。

我不是在试图说服你。相反，我认为你在经营自己的企业时，会更深刻地理解这一点。你的努力是必要的，你将要开创的生意是必要的。这些类别的生意数百年来一直都很有必要，而且未来也都会如此。这并不是新鲜事。

如果你连想出某个需要解决的问题都觉得困难，别着急，耐心一点。看看四周，去关注留意。人类才刚刚开始，我们今天的任何做事方式，都不大可能与我们未来的做事方式相似。

　　有一天，你的生活和工作会协调一致。你会有一个目标，统筹你所做的每一件事。你会通过做自己热爱的事得到报酬。只要你继续做自己，你的业务就会扩大。

　　这一切都会发生，前提是你做了一件最重要的事，那就是——

　　开始行动。

致谢

　　首先是我的家人：我的母亲沙米娜·拉文吉亚（Shamina Lavingia）、父亲艾亚兹·拉文吉亚（Ayaz Lavingia）以及我的弟弟萨米尔·拉文吉亚（Samir Lavingia），感谢他们成就了我。感谢我的妻子卡伊德·塔克希格（Kaede Takeshige）一直以来给予我的宽容与鼓励。

　　《小而美》这本书与书中提到的所有品牌一样，是一个社区的产物。

　　写这本书的想法源于企鹅兰登书屋的编辑——梅丽·孙（Merry Sun）。她读了我在 Medium 上那篇病毒式传播的帖子，提议如果我有兴趣"将 Medium 这篇帖子写成一本纪实性的书"，我们就可以谈谈。那是 2019 年 2 月。

　　梅丽将我介绍给丽萨·迪梦娜（Lisa DiMona）。她成为我在作家之家（Writer's House，经纪公司）的文学作品代理人。她们一起鼓励我，放弃我最初最喜欢的书名"离开创业之地"（Leaving Startupland），帮助我找准了这本书的主题——专注于以可持续的方式"创造价值"的企业。她们也让我意识到我一个人无法做到。

戴维·莫达威尔（David Moldawer）帮我将我最初的提纲转化成拥有真正内容架构的东西。他也想出了一个更好的书名："别再追逐独角兽"（Stop Chasing Unicorns）。我对这整件事感觉非常好，并与企鹅兰登书屋签订了一份图书协议。那是 2019 年 12 月。

2020 年 1 月，我开始认真创作。然后新冠肺炎疫情就暴发了。Gumroad 开始疯狂地增长，而我（与其他人一样）遇到了身份危机。一方面，Gumroad 突然（又）走在了成为"独角兽"的道路上；另一方面，我却对回到风险投资这一"仓鼠滚轮"上没有兴趣。我想为自己开辟第三条路，而在某种程度上我已经做到了；我管理 Gumroad 的方式——从 2016 年开始就完全远程办公，而且没有会议，意味着对这场疫情，我比很多同行准备更充分。

我也忙碌了很多。2020 年夏天我完成了本书的初稿，但它还不够好。它太消极（"别再追逐独角兽"并不能告诉你你应该做什么），而且也没有足够的实例和数据提供支持。坦率地说，代表性是个问题。

丽萨建议我与朱莉·莫索合作，以帮我让这本书"跨过终点线"。朱莉和我一起在 2020 年 12 月完成了这本书的第二稿。我们将书名改为"极简主义初创企业"（The Minimalist Startup），然后又改为"极简主义创业者"（The Minimalist Entrepreneur）。这本书写了几乎一年，我才终于理解一直以来这本书的意义在哪里。它讲的是一种通过软件这种"无须获得许可的杠杆"进行创业的新人类和新的生活方式。2020 年让这个世界对未来究竟是什么样窥探了一番，而我正好已经生活在其中了。这再一次说明了你需要先开始，再学习。

梅丽、丽萨、戴维、朱莉和我一起对这本书中的大部分文字负责。但写作的过程并没有就此结束！ 2021 年 2 月，我开设了一个线上学习小组的课程，来检验书中的观点，确保参与其中的人能够产生共鸣。每周，那 136 个"学生"都会一章一章地阅读并提供反馈。在那个月的月底，我们就有了几百条评论（关于哪些内容比较无聊、哪些让人比较困惑、哪些看上去不大可能）需要处理。

这些学生以及辅导老师包括：Bhaumik，Timothy，Jonah，Shane，Somvir，Shahena，Jens，Nasir，Robin，Akash，Jamil，Dario，Covington，Adam，Kirill，Ganesh，

James, Carlos, Karl, Asim, Surya, Binh, Josh, Rajat, Aneesh, Ditri, Karan, Yousef, Yousef-Husaini, Rahul, Dhruba, Hera, Brian, Addy, Padi, Michael, Matthew, Andrew, Preetham, Matthew, Marty, Vaughan, Shaik, Manuel, Ari, Prab, Isaac, Jon, Nick, Mukesh, Julian, Chandan, Gagan, Rachel, Sergio, Sahil, Shawn, Monte, Aman, Theola, Amin, Pradeep, Prolok, Sam, Greg, Woody, Evan, Sean, Ashray, Eli, Manan, Ozgur, Scott, Shirish, Gerben, Justin, Ciprian, Ahmed, Ashwin, Josh, Obaid, Carl, Nara, Sridhar, Andrew, Alex, Clint, Nick, Mike, Marvin, Bugi, Amar, Wes, Lia, Crystal, Michael, Mert, Tribe, Workast, Yasaman, Manish, David, Raphael, Mateo, Nate, Tobin, Mike, Hunter, Michael, Sergey, Aravind, Akhil, Yazane, Sergio, John, Riddhi, Yuhan, Simon, Daniel, Luca, Carlos, Razvan, Lorenzo, Eduardo, Murat, Devan, Ben, Marcos, Assim, Francis, Vishal, Thomas, Raul, Vladimir, Prashanth, Ralph, Pramod, Inga, Soumya, Louise, Zach, Nate, Soleil, Clark, Sagar, Charles, Albert, Connor, Gonzalo, Marissa, Clement, Nate, Minjun, Vince, Monish, Amaan, Joshua, Justin, Jenny, Audrey。

那些评论，我们都处理了。所以，如果你喜欢本书，得益于那个一百多人的社区。如果你不喜欢这本书……这是我的问题！

Big Monocle 公司的迪伦·布鲁（Dillon Blue）和艾米·斯得霍恩（Amy Stellhorn）在企鹅兰登书屋的布莱恩·乐缪斯（Brian Lemus）和珍·霍耶尔（Jen Heur）的协助下设计了本书封面。插图由布莱恩·博克斯·布朗（Brian Box Brown）创作。

我还想感谢企鹅兰登书屋在幕后参与制作和支持这本书的其他人，包括亚德里安·扎克海姆（Adrian Zackheim）、塔拉·吉尔布莱德（Tara Gilbride）、尼基·帕帕多普勒斯（Niki Papadopoulos）、杰西卡·瑞阳（Jessica Regione）、嘉布瑞尔·列文逊（Gabriel Levinson）、瑞吉娜·安德里尼（Regina Andreoni）以及奥利维亚·德克尔（Olivia Decker）。

还有，谢谢你的阅读！

注释

前言

1. Sahil Lavingia, Twitter post, April 2, 2011, 2:45 a.m., https://twitter.com/shl/status/54072049395712000.

第一章 极简主义创业者

1. Cicero, *De finibus bonorum et malorum*, book V, chapter 58.
2. Peter Askew, "I Sell Onions on the Internet," Deep South Ventures, April 2019, https://deepsouthventures.com/i-sell-onions-on-the-internet/.
3. Peter Askew, "The Dude That Built DudeRanch.com," Deep South Ventures, September 2019, https://deepsouthventures.com/dude-that-built-duderanch-com/.
4. Askew, "I Sell Onions on the Internet."
5. Askew, "I Sell Onions on the Internet."
6. Askew, "I Sell Onions on the Internet."
7. Askew, "I Sell Onions on the Internet."

8. Askew, "I Sell Onions on the Internet."
9. Askew, "I Sell Onions on the Internet."
10. Marc Andreessen, "The Pmarca Guide to Startups," Pmarchive, June 25, 2007, https://pmarchive.com/guide _to_startups_ part4. html.
11. Aileen Lee, "Welcome to the Unicorn Club: Learning from Billion-Dollar Startups," *TechCrunch*, November 2, 2013, https://techcrunch.com/2013/11/02/welcome-to-the-unicorn-club/.
12. David Baeza, "70% of Startups Fail. How Not to Become a Statistic," *Medium*, February 13, 2018, https://me dium.com/@davidbaeza/70-of-startups-fail-how-not-to-become-a-statistic-f4820144a973.
13. Baeza, "70% of Startups Fail."

第二章　从社区着手

1. Sol Orwell, interview with Eric Siu, *Leveling Up*, podcast audio, June 9, 2019, https://www.levelingup.com/growth-everywhere-interview/sol-orwell-examine-com/.
2. Benji Hyam, "How Examine.com Founder Sol Orwell Built a 7-Figure Business off of Reddit," Grow and Convert, April 13, 2018, https://growandconvert.com/marketing/exam ine-sol-orwell-reddit/.
3. Orwell, *Leveling Up*.
4. "What Is Karma?," Reddit Help, https://reddit.zendesk.com/hc/en-us/articles/204511829-What-is-karma.
5. Hyam, "How Examine Founder Sol Orwell Built a 7-Figure Business off of Reddit."
6. Hyam, "How Examine Founder Sol Orwell Built a 7-Figure Business off of Reddit."
7. "About Sol Orwell and Why SJO.com," SJO.com, August 9, 2018, https://www.sjo.com/about.
8. Li Jin, "The Passion Economy and the Future of Work," Andreessen Horowitz, October 8, 2019, https://a16z.com/2019/10/08/passion-economy/.
9. Atelier Ventures, https://www.atelierventures.co/.
10. Jin, "The Passion Economy and the Future of Work."

11. Jackie Huba and Ben McConnell, *Citizen Marketers: When People Are the Message* (Chicago: Kaplan Publishing, 2007).

12. Nathan Barry, Twitter post, March 26, 2016, 10:29 a.m., https://twitter.com/nathanbarry/status/713734553257390080.

13. Nathan Barry, "How Teaching Everything I Know Grew My Audience," ConvertKit, November 18, 2019, https://convertkit.com/teaching-everything-know-grew-audience.

14. Patrick McKenzie, "Salary Negotiation: Make More Money, Be More Valued," Kalzumeus Software, n.d., https://www.kalzumeus.com/2012/01/23/salary-negotiation.

15. Patrick McKenzie, "What Working at Stripe Has Been Like," Kalzumeus Software, October 9, 2020, https://kalzumeus.com/2020/10/09/four-years-at-stripe.

16. Lucinda Shen, "Meet the Unicorn Founder That Braved War Zones and Missed Meetings to Make His Mark on the Startup World," *Fortune*, November 24, 2020, https://fortune.com/2020/11/19/calendly-founder-tope-awotona-startup-unicorn.

17. Karen Houghton, "Tope Awotona—A Founder Story," *Atlanta Tech Village* (blog), April 26, 2018, https://atlantatechvillage.com/buzz/2018/04/26/tope-awotona-a-founder-story.

18. Stephanie Heath, "The Founder of Calendly on Building a Unicorn Tech Company," Mogul Millennial, May 23, 2021, https://www.mogulmillennial.com/the-founder-of-calendly-shares/.

19. Clayton M. Christensen, Taddy Hall, Karen Dillon, and David S Duncan, "Know Your Customers' 'Jobs to Be Done,'" *Harvard Business Review*, September 2016.

20. Clayton M. Christensen, Keynote Address, Techpoint Innovation Summit, Indianapolis, September 29, 2009.

21. Michael Ortiz, "Interview with TheCut App CEO on Modernizing Barbershop Experience," *Modern Treatise*, March 28, 2018, https://www.moderntreatise.com/business/2018/3/27/an-interview-with-the-ceo-of-thecut-app.

22. Jason Fried, "Basecamp: The Origin Story," *Medium*, October 7, 2015, https://medium.com/@jasonfried/base camp-the-origin-story-f509fdd725f8.

23. Fried, "Basecamp: The Origin Story."

24. Erin DeJesus, "Introducing Nick Kokonas's Ticketing System, Tock," *Eater*, November 30, 2014, https://www.eater.com/2014/11/30/7294795/introducing-nick-kokonass-ticketing-system-tock.

25. Christina Troitino, "Reservation Service Tock Launches To-Go Platform to Help Restaurants Impacted by Coronavirus," *Forbes*, March 17, 2020, https://www.forbes.com/sites/christinatroitino/2020/03/17/reservation-service-tock-launches-to-go-platform-to-help-restaurants-impacted-by-coronavirus/.

第三章　越少越好

1. Geoff Ralston and Michael Seibel, "YC's Essential Startup Advice," YC Startup Library, n.d., https://www.ycombinator.com/library/4D-yc-s-essential-startup-advice.

2. Derek Sivers, *Anything You Want: 40 Lessons for a New Kind of Entrepreneur* (New York: Portfolio/Penguin, 2011).

3. Naval Ravikant (navalr), "Creating a product is a process of discovery, not mere implementation. Technology is applied science. Would a scientist outsource the discovery process?," Reddit, https://www.reddit.com/r/NavalRavikant/comments/dzio7t/ask_naval_anything/.

4. John Eremic, "Growing a SaaS App for the Film Industry with Rigorous Experimentation," Indie Hackers, n.d., https://www.indiehackers.com/interview/growing-a-saas-app-for-the-film-industry-with-rigorous-experimentation-8aa8348dae.

5. Eremic, "Growing a SaaS App for the Film Industry."

6. Daniel Vassallo, Twitter post, May 18, 2020, 1:18 a.m., https://twitter.com/dvassallo/status/1262251147135340544.

7. Jane Porter, "From Near Failure to a $1.5 Billion Sale: The Epic Story of Lynda.com," *Fast Company*, April 27, 2015, https://www.fastcompany.com/3045404/from-near-failure-to-a-15-billion-sale-the-epic-story-of-lyndacom.

8. Elizabeth Kyle, "Dayton Startup Profile: High Visibility Vest Makes International Impact," *Dayton Business Journal*, November 5, 2019,

https://www.bizjournals.com/dayton/news/2019/11/05/dayton-startup-profile-high-visibility-vest-makes.html.

9. Peter Fritz, interview with Justin Mitchell, *Of fice Anywhere*, podcastaudio, April 13, 2020, https://peterfritz.co/voice-messaging-beats-slack-zoom-yac-justin-mitchell.

10. Adam Wathan, Twitter post, May 14, 2020, 8:38 a.m., https://twitter.com/adamwathan/status/1260912251566985223.

11. John Gruber, "A Quantum of Utility," *Daring Fireball* (blog), n.d., https://daringfireball.net/linked/2009/04/02/utility-paul-graham.

12. Lenny Rachitsky, "How the Biggest Consumer Apps Got Their First 1,000 Users—Issue 25," *Lenny's Newsletter*, May 12, 2020, https://www.lennyrachitsky.com/p/how-the-biggest-consumer-apps-got.

第四章　瞄准你的前 100 个客户

1. Dan Ariely, *Predictably Irrational: The Hidden Forces That Shape Our Addictions* (New York: HarperCollins, 2008), Kindle ed.

2. "The Freemium Business Model," AVC, https://avc.com/2006/03/the_freemium_bu/.

3. "Bring Your Creative Project to Life," Kickstarter.com, https://www.kickstarter.com/learn.

4. "About Please-Notes," PleaseNotes.com, https://pleasenotes.com/pages/about.

5. Ande Lyons, interview with Cheryl Sutherland, *Startup Life with Ande Lyons*, podcast audio, February 15, 2018, https://andelyons.com/use-creativity-clear-vision-confidence-rapid-results/.

6. "PleaseNotes—Find Your Passion and Live It!," Kickstarter.com, December 18, 2019, https://www.kickstarter.com/projects/pleasenotes/pleasenotes-find-your-passion-and-live-it.

7. Kerry A Dolan, Chase Peterson-Withorn, and Jennifer Wang, eds., "America's Richest Self-Made Women 2020," *Forbes*, October 13, 2020, https://www.forbes.com/self-made-women/.

8. Megan DiTrolio, "Stitch Fix's Katrina Lake Dishes Out Savvy Business Advice," *Marie Claire*, May 14, 2020, https://www.marieclaire.

com/career-advice/a32376163/stitch-fix-katrina-lake-business-adv-ice/.

9. Sarah Spellings, "How I Get It Done: Stitch Fix CEO Katrina Lake," *The Cut,* December 30, 2019, https://www.thecut.com/2019/12/how-i-get-it-done-stitch-fix-ceo-katrina-lake.html.

10. "Our Story," Mailchimp, https://mail chimp.com/about/.

11 Jake Chessum, "Want Proof That Patience Pays Off? Ask the Founders of This 17-Year-Old $525 Million Email Empire," *Inc.,* December 11, 2017, https://www.inc.com/maga zine/201802/mailchimp-company-of-the-year-2017.html.

12. Jaime Schmidt, *Supermaker: Crafting Business on Your Own Terms* (San Francisco: Chronicle Prism, 2020), 24.

13. Schmidt, *Supermaker,* 38.

14. Schmidt, *Supermaker,* 38.

15. Schmidt, *Supermaker,* 41–43.

16. Schmidt, *Supermaker,* 53.

17. Schmidt, *Supermaker,* 57.

第五章　通过做自己来营销

1. Peter Economy, "11 Michael Hyatt Quotes to Inspire You to Happiness and Success," *Inc.,* February 11, 2016, https://www.inc.com/peter-economy/11-michael-hyatt-quotes-to-inspire-you-to-happiness-and-success.html#:~:text=%22Marketing%20is%20really%20just%20about,others%20something%20you%20care%20about.

2. Ari Levy, "'Startup' Podcast Offers a Rare Fly-on-Wall View of Tech M&A After Gimlet's $200 Million Sale to Spotify," CNBC, October 22, 2019, cnbc.com/2019/10/22/startup-podcast-offers-inside-view-of-tech-ma-after-sale-to-spotify.html.

3. Bill Gates, "Content is King," Bill Gates' Web Site, January 3, 1996, http://web.archive.org/web/20010126005200/http:/www.microsoft.com/billgates/columns/1996essay/essay960103.asp.

4. Sahil Lavingia, Twitter post, February 10, 2021, 8:08 p.m., https://twitter.com/shl/status/1359670684675239936.

5. Ali Mogharabi, "Digital Ad Spending Poised for Exceptional Growth," Morningstar, December 11, 2020, https://www.morningstar.com/articles/1014195/digital-ad-spending-poised-for-exceptional-growth.

第六章　有意识地跟企业一起成长

1. Albert Einstein, letter to his son Eduard (February 5, 1930), quoted in Walter Isaacson, *Einstein: His Life and Universe* (New York: Simon & Schuster, 2007), 367.

2. Paul Graham, "Default Alive or Default Dead?," PaulGraham.com, October 2015, http://www.paulgraham.com/aord.html.

3. Tobi Lutke, Twitter post, May 21, 2020, 10:55 a.m., https://twitter.com/tobi/status/1263483496087064579.

4. Jack Kelly, "Here Are the Companies Leading the Work-from-Home Revolution," *Forbes*, May 26, 2020, https://www.forbes.com/sites/jackkelly/2020/05/24/the-work-from-home-revolution-is-quickly-gaining-momentum/.

5. Sam Altman, Twitter post, May 21, 2020, 1:56 p.m., https://twitter.com/sama/status/1263529191581954049.

6. Charlie Keegan, "Stitching Life into Hamilton," 41 Action News, KSHB-TV, Kansas City, MO, June 14, 2019.

7. Megan Rose Dickey, "The Journey of a Kids Book Startup That Tackles Topics like Racism, Cancer and Divorce," *TechCrunch*, August 18, 2020, https://techcrunch.com/2020/08/18/the-journey-of-a-kids-book-startup-that-tackles-topics-like-racism-cancer-and-divorce/.

8. Steli Efti, "The Secret to Successful and Lasting Co-Founder Relationships," *The Close Sales Blog*, December 23, 2020, https://blog.close.com/the-secret-to-successful-and-lasting-co-founder-relationships/.

9. Ellie Lisitsa, "The Four Horsemen: Criticism, Contempt, Defensiveness, & Stonewalling," *The Gottman Relationship Blog*, April 23, 2013, https://gottman.com/blog/the-four-horsemen-recognizing-criticism-contempt-de fensiveness-and-stonewalling/.

第七章 建造你想住的房子

1. Jeff James, "Leadership Lessons from Walt Disney—How to Inspire Your Team," *Disney Institute Blog*, https://www.disneyinstitute. com/blog/leadership-lessons-from-walt-disney--how-to/.

2. Gary Keller and Jay Papasan, *The One Thing: The Surprisingly Simple Truth Behind Extraordinary Results* (London: John Murray, 2019).

3. Wildbit.com, https://wildbit.com/story/philosophy.

4. Charles Duhigg, "How Venture Capitalists Are Deforming Capitalism," *New Yorker*, November 23, 2020, https://www.newyorker. com/magazine/2020/11/30/how-venture-capitalists-are-deforming-capitalism.

5. Laurence J. Peter and Raymond Hull, *The Peter Principle: Why Things Always Go Wrong* (New York: Bantam, 1970).

6. Adam Wathan, Twitter post, May 24, 2020, 3:32 p.m., https://twitter. com/adamwathan/status/1264640396640096264.

第八章 我们要何去何从

1. Robert Moor, *On Trails: An Exploration* (New York: Simon & Schuster, 2017).

2. "Confucius," http://web-profile.net/articles/quotes/confucius.

3. Søren Kierkegaard, *The Concept of Anxiety: A Simple Psychologically Oriented Deliberation in View of the Dogmatic Problem of Hereditary Sin*, translated by Alastair Hannay (New York: Liveright Publishing Corporation, 2015 [originally published 1844]).

4. Tim Ferriss, interview with Graham Duncan, *The Tim Ferriss Show*, March 1, 2019, https://tim.blog/2019/03/01/the-tim-ferriss-show-transcripts-graham-duncan-362/.

5. Sahil Lavingia, Twitter post, June 1, 2020, 11:00 a.m., https:// twitter.com/shl/status/1267471126571057158.

6. "We Need to Talk About Carbon," Shopify, September 12, 2019, https://news.shopify.com/we-need-to-talk-about-carbon.

7. *24/7 by 2030: Realizing a Carbon-Free Future,* Google white paper, September 2020, available at www.gstatic.com/gumdrop/sustainability/247-carbon-free-energy.pdf.